最惋惜的事
莫過於明明不喜歡現在的生活
卻又一成不變過一生

不是生活無趣？是你過得乏味

在不變的日常找變化，過你喜歡的日子。

聶向榮——著

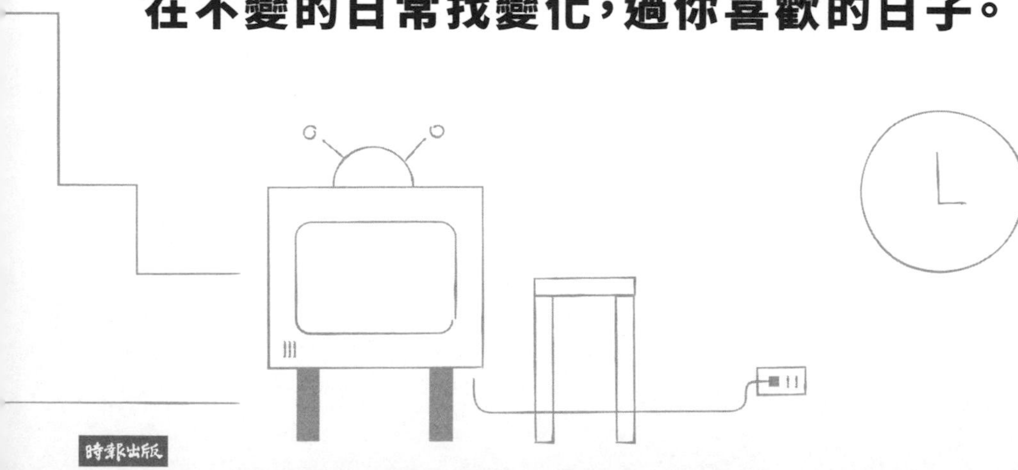

時報出版

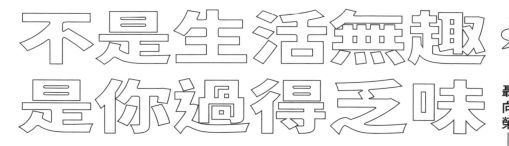

推薦序

想脫離舒適圈為自己勇敢一回，就像是在喝一碗帶刺、帶骨頭的湯，必須口口為營，甚至很容易放棄吃下去。但作者一句句直搗弱點的引導，不僅找到啃骨頭的辦法，還能吃到美味營養的肉。原來突破各種不喜歡、不想要、不習慣的巧力，一直都在自己身上，但首先你要先看見那些刺，才能把尖刺上的鋒芒，轉換成自己的光芒。

——少女老王／《比鬼故事更可怕的是你我身邊的故事》作者

多少人認真思考過如何生活？在迷惘的日子裡活得疲累又脆弱，困惑著幾十年的歲月都去哪了？為何攤開雙手依然一無所有；遺憾著繽紛多彩的夢想一個個殞落，最終得向現實低頭。

若不計較誰是人生裡的輸家和贏家，滿足於現在的生活也罷，偏偏有許多人掌心狠狠攥着不甘願的籌碼。咬緊牙將這枚籌碼推向本書吧，作者以犀利不見血的文字催促讀者認清自己，也認清世界。雖然讀完每一篇，背上都會多一把刀，卻享受這般清冽刺骨之感受，彷彿活了大半輩子才抹清眼鏡上霧濛濛的水氣，從雲裡霧裡走出來。

破壞之後還需要建設，枯坐在斷垣殘壁中，作者問你：「敢不敢用自己喜歡的方式過一生？」既然有勇氣放棄夢想，何不大膽攀上這根看似搖搖欲墜的蜘蛛絲，上頭也許是片迥然不同的好風光。

——螺螄拜恩／人氣部落客

曾聽朋友說，壓力有兩種，一種是情緒型壓力，一種是成長型壓力。情緒型壓力會因事因人而高低起伏，更多時候是易怒與負面。而成長型壓力則是能幫助人反思、改變、調整，進而正面學習。讀這本書會有壓力，但卻是能讓你成長的嗆辣人生哲思好書。

——鄭俊德／「閱讀人」主編

人生過得乏味，不是誰的錯，繼續過得無趣，則是大錯特錯，每一篇彷彿一把刀刺向心臟，給卡住靈魂的人看，或許能止血復活重生。

——雪兒／旅人作家

目次

第一部

不逼自己一把，都不知道自己有多優秀

第二部

時刻告訴自己，要向上生長

第三部

保持初心，才能讓自己更強大

第四部

自省，認清自己更認清世界

第五部

愛情不只需要等待，更需要去追

第六部

其實，夢想才是最好的信仰

第七部

所有的驚豔，都來自有所準備

第一部

不逼自己一把，都不知道自己有多優秀

01

沒有穩定的工作，只有穩定的能力

按照一些學者的建議，家庭主婦也應該被稱為一種職業。因為家庭婦女在家庭生活中扮演多種角色，故理應享有薪資。

如果要評價工作的穩定性，那麼家庭主婦這個職業應該是最穩定的吧？其實不然，家庭主婦這個職業也可能會面臨「離職」。

聽一個網友說，她表姐前幾年生活得很好，因為她表姐夫做生意收入不錯，所以就讓她表姐在家全職帶孩子。她表姐本身沒有什麼事業心，也就很樂意地接受了全職太太這個職業。

可是就在孩子五歲的時候，她丈夫生意失敗，欠了很多債。為了還債，她只能出來找工作分擔家計。可是畢竟她在家裡已經待了七、八年，又沒有任何工作經驗，即便想去超市當收銀員都沒有人要，最後只能去一家公司當清潔工。

這樣的例子其實很多……我每天早晨都搭捷運上班，捷運站入口處有很多賣早點的小攤子。早餐樣式很多，有煎餅果子、菜夾饃、包子、手抓餅……有時候沒時間做早點，就會買點吃。上班時間，捷運站入口買早餐的人很多，我發現一個賣煎餅果子的攤前沒有人，就過去買了一個，很快就做好了。我掏出手機，準備用行動支付付款，賣煎餅果子的大媽尷尬地笑著說：「我不識字，不會用行動支付，你還是給我現金吧。」

我身上沒有零錢，沒辦法只好掏出了千元大鈔，大媽翻遍了口袋，足足用了四、五分鐘才湊足了找還給我的零錢。我這才明白這位大媽的攤前為什麼沒有顧客了，因為她這裡不能掃碼付款，太不方便了。所以，下次我也不會在她這裡買早點了。

社會變化太快，這位賣煎餅果子的大媽，不久可能也會失業。這個社會根本就不存在穩定的工作，任何一個工作都有失業的風險。有人會說，公務員、醫生和老師都是很穩定的工作。但是在我看來，這些工作其實也都不穩定，至少老師這個職業就不穩定。

這裡談談切身體會。我在一所大學裡當講師，按照大家的想法，老師應該是最穩定、最保險的工作。其實不然，我最近都有點焦慮了，因為我手上的這份工作並不是「鐵飯碗」，我可能也會失業。剛來大學工作時，我和學校簽了三年的科研工作合約，即三年內必須完成一系列的科研工作才行，否則三年後就得面臨失業或者轉職。

不僅青年教師的工作不穩定，老教授也一樣。因為老教授也有很多考核要求，比如教學、科研和專案都要達標，如果達不到要求，便可能會被降職。現在，國內外的博士多如牛毛，學校根本就不擔心招不到老師，不努力的話，我也會丟掉飯碗。

學生畢業要找工作時，問我最多的問題就是「進國企，還是進私企」？我的建議是，如今早已不是二十年前那個「鐵飯碗」的時代了，根本就不存在穩定的工作。

所謂穩定的工作，如果僅僅是穩定地窮著，那麼這樣的穩定毫無意義。

我的一個高中同學碩士畢業後去了騰訊工作，年薪十六萬人民幣；做了兩年後跳槽去了百度，年薪二十七萬人民幣；又做了三年後跳槽去了華為，年薪四十六萬人民幣。

他說：「未來可能還會跳槽。」

我問他：「為什麼跳槽這麼頻繁，不穩定下來？」

同學說：「我覺得很穩定啊，至少我的薪資在穩定遞增啊！我的生活品質也在穩定提高啊！」

同學是個能力很強之人，根本不用擔心找不到好工作，無論在哪個企業他都能帶領團隊迅速攻克某個項目。**所以他不怕辭職，也不怕公司倒閉，因為他有隨時離開的能力**。

而缺乏能力的人，哪怕在事業單位或國企工作也是不穩定的。因為他們沒有核心競爭力，最終只能被邊緣化。

很多人找工作注重「鐵飯碗」，其實是缺乏自信的表現，他們認為自己不具備應對風險和變化的能力。他們覺得找個穩定的工作，就像找到了一個保險櫃，無論工作做得好壞，起碼不會被辭退，而且每個月能拿到穩定的薪資。然而，在相對穩定的環境中待久了，就會漸漸失去應對突發狀況的能力。而在私人企業工作的人，他們無時無刻都具有風險意識，也絲毫不敢懈怠。

很多人對於穩定的理解，大多是從工作本身出發，其實這樣去理解是不正確的，至少是偏頗的。工作穩不穩定，關鍵在於人，如果一個人整日無所事事，哪怕是進入國企也遲早會捲舖蓋走人，或者被企業核心團隊拋棄，只能做點打雜的活，穩定地窮著。

「穩定」不應該成為找工作的首要考慮標準，而能夠讓自己一直保持成長的企業才應該作為首選。

如果一家企業不能培養你的核心競爭力，那麼這樣的企業根本就不值得去，哪怕這個單位看起來十分保險和穩定。因為沒有核心競爭力的人，在任何單位都可能隨時被替換掉，而且不需要太大成本。

所以我們要努力培養自己的核心競爭力，這才是找到穩定工作最大的倚仗。如果你隨隨便便就能夠被別人代替，只能說明你不具備核心競爭力。可以說，沒有穩定的工作，只有穩定的能力。**所謂穩定的能力，就是無論何時何地，都能夠把工作做得有聲有色。**

不逼自己一把，永遠也不可能讓自己變優秀

02

你是不是為了能每天早晨六點起床跑步，給自己設定了五、六個鬧鐘，你真的以為只要用如此強大和連續的逼迫性刺激就能讓自己起床跑步嗎？

你是不是為了通過全民英檢高級給自己定了每天背誦五十個單字的任務，並且寫下了「背不完單字，就不玩手機」的豪言壯語，執行的時候，你真的能做到把整本單字書都背完且沒有偷偷玩手機，然後一次考過嗎？

是不是很多時候，你並沒有把自己逼優秀，反而把自己逼絕望了！發現自己其實並沒有那麼大的能耐，而且缺乏毅力，缺乏吃苦精神，簡直弱爆了。現實根本不是那句特別有名和勵志的話所寫的那樣：如果你不逼自己一把，根本就不知道自己有多優秀。然而，我寫的這篇文章並不是為了批判

這句話，我反倒十分認同這句話。

這句話給了人們一種心理暗示，即自己現在之所以不優秀，是因為沒有逼自己一把；同時也是一種心理慰藉，便是讓人產生一種一旦我逼自己了，就能擺脫眼前的困境和平庸，就能立刻變優秀。

曾經讀過一位作者寫的一篇故事，說她小時候有一種心理，就是盼著自己家裡能出點什麼事情，最好是出現家道中落，自己食不果腹，生活得十分悲慘的情況。她認為只有將自己置於這種悲慘的境地，才會有強大的動力好好學習，從而考上清華北大。她以為，唯有把自己逼入絕境，自己才能爆發潛能變得優秀。

這位作者說，自己小時候之所以那麼想，是因為看了太多貧窮的孩子勵志成材的故事。長大了才知道貧困並不意味著優秀，那些年幼時生活貧困的人之所以長大後能變得優秀，是因為他們對待貧困的態度與他人不同。

逼自己一把，逼出來的不是優秀，而是在逼自己的過程中發現了自己的無能和弱小。之所以有一部分人變得優秀了，是因為這部分人面對自己的無能和弱小時產生了羞恥感，然後知恥而後勇。而沒有變優秀的那部分人，是因為他們發現自己的弱小和無能之後，並沒有產生很強烈的羞恥感，也沒有將這種逼迫轉化為追求優秀的狂熱，結果逼自己愈多，發現自己愈無能，最終選擇了自暴自棄。

舉個例子，家長在批評學習成績差的孩子時，孩子會不服氣、會怨恨。家長認為孩子成績差，是因為孩子平時沒有努力學習。如果孩子本身沒有努力過，肯定不會產生強烈的叛逆思想，而之所以產生了這麼強烈的叛逆思想，是因為他們默默地逼迫了自己很多次，最終發現還是無法取得好成績，進而在學習上愈來愈無能，最終只能放棄自己。

不是他們不逼自己學習，也不是他們沒想過要努力，其實所有失敗的人都曾狠狠地逼過自己。之所以最後沒有成功或變得優秀，就是因為他們逼自己的次數太多了，結果只發現了自己的無能。

拿「如果你不逼自己一把，根本就不知道自己有多優秀」這句話來講，一些人只把這句話當作一種心理慰藉，而沒有認識到其背後的真正意義。當一部分人逼自己努力之後，發現自己最終並沒有成功，就會懷疑這句話、否定這句話，認為這句話是毫無意義的雞湯。實際上，是他們沒有理解這句話背後更深層的含義，也就是我所說的：不是雞湯無用，而是喝雞湯的人無用，吸收不了雞湯的營養。

有時候，我們還會見到一些不努力的人，他們總是以一種超然物外的態度和嘲諷的語氣對待努力的人，散播著各種負能量。其實他們並不是不想去努力，也不是不想變得更好，而是不敢去努力，由於他們心中充滿了恐懼。因為他們曾經努力過，曾經逼自己變得優秀過，可是他們發現，愈努力，就愈會發現自己的無能和平庸。為了不自我打擊，也為了不被別人嘲笑，他們就放棄努力了。而放棄努力後，心理扭曲，對於努力的人就會給予各種譏諷。

在不逼自己之前，我們總是習慣高估自己的能耐，有些人對於自己的人脈、朋友、智商、毅力過分自信，當真正遇到緊急事件的時候，才發現自己所擁有的東西是那麼虛無縹緲和不堪一擊。

大多數時候，我們只有逼自己一把，才能認清現實，也才能認清自我。其實我們並沒有想像中那麼強大，強大到逼自己一下就能優秀起來。而能不能在認清現實和認清自我後變得堅強和優秀，關鍵在於我們面對自己的無能和平庸時的態度，是知恥後勇，還是自暴自棄。

所謂的天才，只是看起來不努力而已

03

「所謂的天才，只是看起來不努力而已；
所謂的庸才，只是看起來很努力而已。
——題記」

有些人，你學習的時候，他在玩；你玩的時候，他還在玩。可偏偏考試成績出來的時候，你只考了七十分，而他卻考了一百分。這是為什麼呢？

下班了，你留在辦公室加班，有些人卻早已奔出辦公室約會去了；週末，你在家裡加班，有些人卻在健身或者參加各種聚會。可偏偏彙報工作的時候，你只能勉強不挨老闆訓斥，而他卻思路清晰，做得比你好得多，老闆更是讚賞有加。這是為什麼呢？

難道這些平時看起來不努力，偏偏成績好得要命的人，都是天才嗎？大多數人都會認為這些人是天才，因為這是唯一合理的解釋。畢竟，總不能承認自己笨吧？

我身邊也有一些這樣的「天才」，他們幾乎不用怎麼付出就能隨隨便便取得我努力很久也難以達到的成績，這常常讓我羨慕不已。

終於有一天，我揭開了謎底，並且總結了四種看起來不努力就能取得成功的方法。只要能掌握這四種方法，你也可以雲淡風輕地取得成功，成為別人眼中的天才。這四種方法，就在以下四個故事中。

・不是不學習，只是表面上看似總在玩玩鬧鬧。

我上初三的時候，和全年級排名第三（全年級一千多人）、全班排名第一的女學霸成為同桌，從此過著被學霸虐心的日子，現在回想起來還膽顫心驚呢。

無論我怎麼努力，成績總是在班上第十名（全班九十多人）左右徘徊；而同桌的女學霸看起來並不刻苦用功，成績卻一直穩居全班第一。她上課認真聽講，我也認真聽講，她下課不看書，我卻在看書，可是成績為什麼差距會這麼大呢？

有一次月考，學霸的成績滑落到全班第四名，她稍稍有些不高興。可是下一次月考，她的成績又成了全班第一。

我瞠目結舌地問她：「妳是怎麼把成績拉上去的？」

她神祕地笑道：「因為我這一個月，晚自習下課後，回家還學習到凌晨一點多呢！」

「真的？」

「騙你幹嘛，不信你看我的練習本。」

說著，女學霸掏出了兩本課外習題本，都是她自己買的，上面的習題全部做完了。我這才相信，是她回家後刻苦用功了。原來，看起來不怎麼努力的女學霸要比我努力數倍，而我卻傻傻地以為學霸能考第一完全是因為聰明。

・利用在娛樂中學習掩飾努力，讓刻苦無跡可尋。

我的一個師弟，托福考了一〇八分（滿分為一二〇分）。成績出來後，我甚為震驚，因為能通過托福考試就很厲害了，而他竟然考了一〇八分。

我問他：「做實驗這麼忙，你哪裡來的時間學英語？」

師弟說：「我做完實驗後，在辦公室看美劇呀，美劇是學英語很好的素材，聽力、詞彙、閱讀，都能得到練習。」

我當場傻眼！我看美劇，是看劇情；人家看美劇，是練英語。這就是差距。

也就是說，人家在娛樂的過程中學習，而我的娛樂只是娛樂。

・集中精神，提高效率。

畢業後，剛上班時，辦公室有一個同事，幾乎從來不加班，可是他會把任何工作都做得很好。

向上司彙報時，他做的ＰＰＴ十分漂亮，且條理清楚。而我有時還得加班，上班的時候，我明明很專心啊，為什麼工作就做不完呢？後來我才發現，上班時有人透過微信發紅包，我總是能搶到錢；而這個同事，壓根就沒搶過。

我問他：「群組裡有紅包，怎麼不搶？好幾塊錢呢！」

他說：「忙著工作呢，沒空啊！」

我瞬間明白了，原來我上班的時候，手機就放在手邊，沒事刷個群組看看有沒有紅包，再刷個網頁，偶爾又發個呆，時間就這樣被浪費掉了。最後工作沒做完，只能待在辦公室加班，成了那種看起來很努力的人。而同事利用上班的時間集中精力把手上的工作都做完了，下班就去健身房鍛鍊身體了。

・利用「暗時間」，無處不在地思考。

利用暗時間做事是我體會比較深刻的，因為我現在就經常這樣。

先說一下何謂「暗時間」。暗時間就是那種看起來不能用於工作和學習的時間，譬如走路、吃飯、上廁所、搭乘交通工具時的時間。人一天的活動中，有一部分時間被瑣碎的事情消耗了，如果能合理利用就能大大提高工作效率。

開始寫作之後，我就充分利用了暗時間。上廁所的時候，我刷官方帳號，流覽最新的文章，看看社會新聞，看看高人氣文章，思考自己要寫的論點；走路的時候，構思今天要寫的文章的基本框架；吃飯的時候，想一想文章的細節，以便坐在電腦前寫作的時候，不用花費太多的時間。這就是我每天都要上班，還能保證發表文章的訣竅。

上面的四個故事，說明了兩個問題。那些看起來不怎麼努力的人，其實並不是真的不努力，只是在你看不見的時候付出了努力，然後在你看得見的時候表現得風輕雲淡。這個世界上的天才很少，那些你認為的天才，其實並不是真的天才，只是人家努力的時候你沒有發覺而已。

04 不要讓你的薪資，低配了你的能力

一個月薪二萬多的人和一個月薪四萬的人相比，你認為哪個人能力會相對強一點？

在沒有其他的輔助條件下，你當然會選擇月薪四萬的人。用薪資去評價一個人的能力，雖然有些單一和粗暴且不科學，但也是現實中最直觀的評價標準。因為一個人的能力是一個綜合性的參數，沒有辦法進行定量表達，而薪資和收入卻是一個實打實的數字，很直觀。因而在當下這個時代，你的薪資某種程度上就代表了你的能力。

和朋友小柯聊天，聽他說最近換了個工作。我問他原因。小柯說：「我一個月薪資只有二萬，而和我同一個宿舍的哥們兒一個月能拿到二萬五千，我感覺老闆給我的薪資配不上我的能力。」

小柯的專業能力很強，所以他毫不猶豫地換了個工作，現在每個月薪資已經三萬了。現實中，我遇到過很多人，他們明明很有才華，工作又超級認真和努力，但是拿到手的薪資卻很少。

小柯說自己辭職的時候，對老闆說了一句話：「對員工最大的尊重，不是虛無縹緲的榮譽，而是薪資和獎金！」

也許小柯的話有些極端，畢竟榮譽對於員工來說也很重要。但是你一定要找一個合適的平臺，讓你的薪資配得上你的能力，低廉的薪資回報是對你和你的勞動最大的不尊重。當你的能力長時間被薪資低配，你就會習以為常，會默認現有的薪資就是對你工作付出的合理回報。

因為老闆發給你的薪資在向你傳遞一個錯誤的觀點，會讓你誤以為自己的價值就這點兒，從而對自己的能力做出錯誤的判斷，於是你自然就降低了對自己的期望。對自己的能力評價低了，對自己的要求也就跟著低了，漸漸地你就成了混日子的人。

所以，千萬不要被你的薪資和待遇限制了你的眼界，從而錯誤地降低自我要求。你原本是一個優秀的人，薪資低配了你的能力，導致你最後喪失了優勢，泯然眾人矣。而你也慢慢習慣，降低了生活品質，過上了湊合的日子。

最可怕的事情並不是薪資低，而是**你的能力和熱情會在低廉的勞動回報中被消磨殆盡**，最後變成了自己曾經討厭的人。

而那些認為自己的薪資配不上自己能力的人，一直在尋求機會，並一直在努力。他們不相信自己的付出就值這點錢，只相信自己的能力。所以他們一直保持熱情，只為尋求配得上自己能力的工作。在奮鬥和追求的過程中，他們的能力得到了進一步的提升，一旦時機成熟，他們就會選擇一個新的平臺，選擇一個能讓自己的能力生根發芽的平臺。所以，你缺的不是能力，而是一個懂得尊重你付出的平臺。

我希望每一個有才能的人，都能遇見自己的伯樂，都能夠讓自己的才能得以充分地發揮，讓自己的人生帶有光芒。

我不希望用懷才不遇去評價你，認為你其實有才能，只是沒有得到應有的回報。我認為懷才不遇不是對一個人的褒揚，而是一種無奈的歎息和惋惜。一個人之所以會懷才不遇，就是因為缺乏對自己正確的判斷，浪費了天賦和才能。

不要讓你的薪資低配你的能力，你的才華、努力和付出值得擁有與之相匹配的回報。

你根本沒有看見別人的拚盡全力

05

高中時，我選擇了理科。

理科生大多數對作文課並不怎麼喜歡，而我卻對作文課充滿期待，寧可數理化的試卷做不完，也要用心去寫每篇作文。

所以結果是：我的數理化試卷沒做多少，作文倒是幾乎每篇都被當作範文來讀。高中三年，我除了背誦必考的課文外，還背誦了很多文字優美的散文。那時候我讀文章的首要條件就是文字一定要優美。可能是受閱讀水準的限制，難以深刻理解作品的思想，所以只是喜歡漂亮的詞句。高中時代，大多數同學都會覺得花大量時間背誦好詞好句只不過會讓作文成績多得幾分，很不划算。和同學們把時間用來背英語單字與算數理化題目相比，我的做法顯然是「沒有把時間花在刀口上」。

看到好的句子，我總是貪戀，想據為己有，想有一天能脫口而出，所以我就不停地背誦。跟提高高考總分相比，我更願意將時間花在看「無用」的書和背誦文字優美的散文上。

上大學以後，出於對汪國真詩歌的喜歡，我又開啟了詩歌的背誦模式。當別人都在狂背多益單字的時候，我卻在花園中背誦汪國真的詩歌。大學四年，我也寫了很多詩歌，列印出來有厚厚一本。

再後來，我又被網路小說多樣化的架構和豐富的想像所吸引，深深地喜歡上了網路小說。看了很多網路小說，有仙俠、玄幻、歷史……基本上所有類別的網路小說我都有涉獵，平均一本網路小說三百萬字，我的總閱讀字數破億。小說看多了，我就有了自己寫一本的衝動。

從第一本小說《三世成仙》到後來的《絕色生香》，一共寫了七年，中間寫了好多本有頭無尾的小說。「吃飽了睡」是我寫《三世成仙》時用的筆名。後來換了許多筆名，轉戰過好幾個小說網站。

寫作之路很坎坷，期間寫了很多個小說開頭，少則三、五萬字，多則二、三十萬字，但是都沒能受到編輯賞識，也就談不上簽約。為了能夠簽約，我看過無數個版本的類似於《網路小說寫作祕笈》的寫作技巧。我就這樣一邊堅持寫，一邊研究寫作技巧，終於在寫作的第五個年頭和出版社簽了約，拿到了人生中的第一筆稿費。

從此之後，我彷彿一下子開竅了，也明白了懸念的設置、配角的設置、節奏的把控等許多寫作技巧。

這個歷程，讓我真正明白了「紙上得來終覺淺，絕知此事要躬行」的道理。也就是說，看再多的寫作祕笈，也不如踏踏實實寫上幾百萬字效果好。

在很多朋友和同學的眼中，我的「寫作之路」是突然開啟的，看起來毫不費力。很多同學都是發現我的文章出現在他們的朋友圈之後，才得知我居然會寫作。

然而，真實的情況是雖然我在網路平臺寫文只有一年的時間，並且在很短的時間內就有所收穫，但是在這之前我已經寫了四年的詩歌、七年的網路小說。

工作之後，為了寫文章，我極力壓縮著自己所有的空閒時間。

下班回家，我要走二十分鐘的路，然後坐一個小時的捷運。走路的時候，我會思考一些關於寫文章的問題，如果想到了一些特別好的句子，就會停下來記在手機的記事本上。上了捷運，如果沒有座位，我就翻閱一些電子書。如果有座位，我就用手機上的記事本開始寫作。

畢竟我有自己的本職工作，所以我必須先保證自己的工作能夠高標準地完成，而對於閱讀和寫作則只能是見縫插針。有一次我正騎著自行車，在路上聽到一個人正在講手機，她說了一句話，對我的觸動特別大，於是我急忙停下來，記在了手機的記事本上。後來，我根據這句話寫出了一篇文章。

對於網路平臺作者而言，在持續的寫作過程中，常常會面臨感覺「自己被掏空了」的困境，沒有東西可寫。

要想盡可能地減少這種情況，唯一的辦法就是不斷充電，不但要堅持閱讀，還要堅持做讀書筆記，不然大腦根本記不住那麼多東西。平時要把看到的精華記錄下來，然後不斷翻閱，在翻閱的過程中加深理解。

有些作者描述自己寫作獲得成功時雲淡風輕，聽起來他的成功貌似毫不費力，他就像個天才一樣。然而，我是不大相信的。那些所謂的天才，只不過是沒有把自己的拼盡全力讓大家看到罷了。

有些人，只要努力一下，就搞得人盡皆知；而有些人，是背後默默努力，最後以毫不費力的姿態表現出來。

千萬不要被別人表現出來的毫不費力所迷惑。要知道，毫不費力的背後，一定有拼盡全力作為支撐，天才真的沒那麼多。毫不費力，其實就是拼盡全力，不同的表象卻是同一個本質。

我在寫作上取得的這點小成績，在外人看起來毫不費力，好像敲敲鍵盤就能寫出一篇文章，就能出書，就能賺取稿費。其實只有我自己知道，為了寫作，我一直在拼盡全力。

如果你願意的話，只要拼盡全力，你也能夠成為一個看起來毫不費力就會取得成功的「天才」。

成長的路上，誰沒混過日子

06

許多年後，再回首大學時光……我的腦海中，有一個印象特別深刻的片段，那是一段極其墮落的過往。

那段墮落的生活，辜負了最好的大學時光，我沒有學習、沒有戀愛、沒有看風景，著實太可惜了。但是現在看來，雖有辜負，但也有收穫，它讓我明白了一些道理。

大二的時候，我被網路的新奇深深吸引了，可以說，學校周圍所有的網咖都有過我的身影。我開始通宵在網咖打怪升級，甚至一天只吃一頓飯，連上廁所都感覺是在浪費時間。那時候，整個人沉浸在遊戲中，時刻處於一種難以自拔的亢奮狀態裡。其實除了被遊戲吸引，我還有一個念頭，就是想體驗一下徹底不學習、完全墮落是一種什麼樣的感受。

結果是，我體驗到了。

我將自己完全沉浸在遊戲中，不給自己留一點空閒的時間。因為一旦有空閒的時間，我就會去思考，而一旦去思考，就會意識到自己正在墮落，就會很痛苦。這是一種覺醒之痛。所以，我現在特別能理解那些整日將自己沉浸在賭博和遊戲中的人，因為他們不能讓自己有時間去思考生活的意義、思考自己的家庭，這種思考會讓他們感覺很糟。

那段時間，我是瘋狂的。瘋狂之後，我終於搞壞了自己的身體，體重掉到了六十六公斤，去醫院檢查，我的收縮壓只有九十。醫生很驚訝，連續測量了兩遍。其實我很清楚原因，就是沒有好好休息、沒有好好吃飯。

我現在也沒有想要逃避那段曾經墮落的生活，因為在這個世界上，有許多事情都可以逃避，唯有自己的過往逃避不了。那是自己走的路，那些歲月中都帶有自己的心跳。我生命中那些熱血奮鬥的經歷如今歷歷在目，而那些被我辜負的墮落歲月，也同樣鮮活有趣。

打電動的時候，有激情、有熱血、有快感。我在遊戲中遇見了好玩的人，有幾個到現在還保持著聯繫，我們的情誼從遊戲中走向了現實。

那些混過的日子，也沒有完全虧待我，而是以一種奇特的方式回饋給了我。正是極度墮落到碰觸了底線，觸底後深刻反思的回歸，才讓我後來擁有了強大的毅力並迎頭趕上。

那些曾經被辜負的日子，最終會積澱在我心裡，形成豐富的閱歷，這樣我才能有足夠的力量去對抗那些焦灼和不安、浮躁和淺薄。

混過的日子，只是我在前進的岔路口找了一個小站，休息了一下，遇見了一些不同的事情。

那些看似被辜負的日子，其實教會了我許多，讓我懂得了什麼叫作絕望、迷惘、彷徨和空虛。而那些不曾被辜負的日子，讓我懂得了什麼叫作奮鬥、努力、熱血和優秀。

慢慢地，我變得沉穩、成熟和風輕雲淡，認清了許多事，看清了許多人，明白了許多道理，也知道了什麼是愛、什麼是生活。

其實，我們還年輕，一切都還來得及，犯過的錯，走錯的路，交錯的友，表錯的情……所有的所有，在日後漫長的歲月中，都不會阻礙和影響我們生活中的美好，它們只是我們生命中一朵小浪花而已，雖然會打濕鞋襪，但是太陽曬乾後，我們仍舊可以舒服地前行。

之所以能夠看淡一些事情，最重要的一點就是我們曾經有過類似的經歷，而這些經歷組成了我們豐富的人生。

有些人總說自己浪費了大量的時間，其實之所以會有這樣的覺醒，正是因為這些墮落的日子、因為這些浪費的時間。這種覺醒讓你意識到時間的寶貴和生命的不可辜負，也因此讓你變得熱愛生活。

混日子，是我們成長過程中必須的經歷，只不過每個人對時間辜負的長短不同，有些人可能用很短的時間就回到了正軌，而有些人對時間的辜負可能是一生。

年輕的時候，多去看看外面的風景，多去嘗試新鮮的事物，無論是一場無疾而終的戀愛，還是一場漫無目的的行走，抑或是和朋友的醉酒尋樂，都是一種經歷。在這些豐富的經歷中，我們體驗著新的生活。最終只要我們能夠走上正軌，及時清醒即可。

把生活比作列車的話，大多數時候我們都在一輛叫作「奮鬥號」的火車上，這列火車上的每一個人都充滿了激情和鬥志，但是座位有限，有時候我們不得不站著。當站得很累很累的時候，我們就會從這列車上下來，走上一列叫作「休閒號」的火車，這列火車上有很多人，但是也有很多閒置的座位和臥鋪，我們可以很舒服地走一段路，看一些不一樣的風景。只是「休閒號」這列火車上有時候可能會沒有麵包和牛奶，我們會感到飢餓，當兩輛列車在月臺相遇的時候，我們就要抓住時機，從「休閒號」上跳下來，重新登上「奮鬥號」。雖然「奮鬥號」很擠，而且讓人很累，但是有麵包和牛奶供應，風景也很別致。

我們可以羨慕別人的一路高速前進，但是也要真誠地面對我們曾經混過的那些日子。因為如果沒有那些混過的日子，我們的生活可能會平淡很多，也不會有那些刻骨銘心的體會和覺悟。

我從來都不覺得任何一種行為是完全錯誤的，只要我們能從中攫取到思考和體悟，那麼它對生活就是有意義的。

可能那段被辜負的歲月，讓你悔恨和痛心，但只要不再沉浸其中，跟那些日子來個一刀兩斷，同時把那些體會到的東西沉澱在心裡，你就會變得堅強和勇敢起來。這就是那些被辜負的歲月教會你的事，一旦領會了這些，辜負也就不叫辜負，而是叫作成長。

混過的日子，是我們成長的必然歷程，也是我們人生的組成部分，更是我們不同於別人的心理體驗。如果不敢直視那些混過的日子，那麼就相當於你的生命活生生地被掰掉一塊，變短了許多，也變單調了許多。

我們熱愛生活，就要平靜且真誠地面對那些被自己辜負的歲月。成長的路上，誰沒混過日子？做個早點清醒的人就好。

第二部

時刻告訴自己，要向上生長

01 下班後的時間，決定了你的精神顏值

白天上班時，每個人幾乎沒有什麼區別，都在為公司創造收益而忙碌著。但是下班後，人們則各有各的不同、各有各的精彩。

朋友蘇小昨是語文老師，她白天要上課，回家後還要照顧小寶寶，所以每天晚上只能等寶寶睡著後，才有時間寫作。小昨寫文章並不是為了賺錢，而是真的喜歡。有幾次，我看到她在半夜二、三點發表文章，就問她怎麼回事。她說，半夜裡突然睡不著，不想浪費時間，就爬起來寫文章。

很多人如果半夜醒了，可能都會抱著手機玩一會兒，等到睡意來了就繼續睡。而小昨既要上課，又要照顧寶寶，為了寫作，她每天都在爭分奪秒。

正是因為這份堅持，二〇一六年小昨出版了自己的書，有了最美好的收穫。她的文字和書影響了很多讀者，她自己也成了一位自帶光芒的作家。

很多人總是說白天上班太累或者有孩子拖累，所以沒有時間培養自己的愛好，沒有時間做自己喜歡做的事。其實這些都是藉口，只不過是跟遇見更好的自己相比，你更喜歡手機罷了。

簡愛是我很佩服的一位作者。她是一位從農村走出來的姑娘。和很多在外地打工的人一樣，她也在很多工廠打過工。可她並沒有就此認命，而是努力抓住機遇，一路連滾帶爬，最終打拼出了自己的事業，成立了自己的品牌，開了自己的公司。

可能我們會幻想，如果哪一天自己也成了老闆，有名車、豪宅並且小富一方，那麼我們躺著數錢就好了。

但簡愛可沒這樣，為了把生意做得更大，和更多的國家有貿易往來，她利用工作空隙苦學英語。要知道，她可是沒有英語基礎的。但是現在，她那一口流利的英語，讓我這個學了十幾年英語的人都無比汗顏。

身為老闆，簡愛比自己的員工忙多了。但是她每天堅持閱讀、寫作，因此她的文章寫得愈來愈好，而且新書也即將出版。簡愛說，自己都是利用工作的空檔或晚上加班寫文章。要知道，她不但是老闆，還是兩個孩子的母親，小寶寶才上幼稚園，正是黏人的時候。自己的業餘時間不是給寶寶做飯，就是閱讀和寫文章，很少去交際，也幾乎不玩手機。因為她覺得，還有比玩手機更有意義的事等著她去做。

和那些比你有錢、比你優秀、比你有能力又比你努力的人做朋友是很有壓力的，因為你不努力就會自覺汗顏。**如果你的方圓一里內都沒有一個勵志的人，那麼你就要考慮換一個環境了**。我常常和簡愛開玩笑：「簡姐，你活成了『雞湯』的樣子。」

寫作這一年最大的收穫，就是認識了很多有意思的人。

小韓，我的一個朋友，前兩天在群組裡分享了她的收穫：得了一個全軍微電影二獎。她在一個部隊醫院上班，每天都很忙。為了拍這個短片，下班後，她和團隊在冷風中捕捉畫面，連週末也用來討論劇本和拍攝。經過整整兩個月的忙碌，她終於獲得了這份榮譽。不僅如此，她還學會了視訊短片和一些後期處理的技術。

於是，和她在一個科室的同事都很羨慕她得了獎。但是沒有人知道，下班後，其他姑娘不是和男朋友約會，就是躺在沙發上看韓劇，只有她匆匆吃點東西，拉著自己的團隊、扛著器材去尋找拍攝場景和靈感。

小韓利用下班後的時間收穫了自己想要的榮譽，也得到了很多人的讚賞。

小孟一直堅持自學網路程式設計。今年六月分，他任職的公司倒閉了。當同事們都在為工作發愁的時候，他早已華麗地換了一個身分，成了一家上市企業的工程師，比原來的薪資高了許多。這就是他利用下班後的時間做出的成績。

小糖喜歡寫作、攝影和畫畫。她每天下班後，就在房間裡畫畫，週末就出去體驗生活拍照片。她拍的照片在她們市的攝影比賽中獲了獎，她也成了《國家地理》的特約攝影師，加入了她們市的攝影協會，擁有了很多和自己志趣相投的朋友。

如果你也有夢想，那就好好利用下班後的時間吧。這些時間對於大多數人而言，根本就不是少如海綿裡的水，而是一大盆。利用下班後的時間，你可以做很多有意義的事情。如果堅持一年，你一定會發現，自己變得更優秀了。

努力工作是為自己提供物質基礎，但你的精神世界也需要吸取養分。你的氣質以及你的言談舉止，都是你精神顏值的表現。

那些被你浪費掉的時間，將來都會變成後悔不迭的眼淚，令你扼腕歎息。千萬不要把自己活成退休的樣子，一定要有自己的志趣，才能成為更好的自己。

只要你不辜負時間，時間定會投桃報李。

如果你每天都沉浸在令人身心疲憊的工作環境中，而不去吸取精神營養，那麼不用幾年你就會對生活、對工作充滿抱怨，從而變成一副死氣沉沉的模樣。下班後的時間，是你最好的增值期，也是你精神顏值的決定性因素。

只要你不辜負歲月，歲月終將會對你溫柔以待。

02

和你說話
不用費腦子

前幾天，收到了讀者芒果小姐給我的留言。

「我交了一個男朋友，但是不知道是不是可以談論婚嫁了，所以有點糾結。」

「那妳和他說話的時候，覺得輕鬆嗎？」我問。

「我和他在一起挺舒服的，不會覺得尷尬和拘束。現在我們無論談論什麼話題，都能說到一塊。有時候，遇到自己不懂的地方，我就安靜地聽他說。他侃侃而談的樣子，很帥氣呢。」芒果小姐回答道。

「兩個人在交流的時候，不用費腦子，不用擔心被誤解。不說話的時候，不覺得拘束，也不覺得尷尬，說明你們兩個已經彼此熟悉，而且彼此安心。」

芒果小姐高興地說：「那也就是說，我們很適合了？」

「不要錯過那個對妳說再多話，也不會讓妳覺得厭煩的

人。」

生活中，說話是人與人之間最主要的交流方式。如果能遇到一個人，你和他說話時可以想到什麼就說什麼，而不用在內心排練無數次，那麼這個人就是你的靈魂伴侶，請張開雙臂擁抱他、珍惜他，你一定會幸福的。

「你最近忙嗎？」

「還可以，您有什麼事嗎？」

「你媽最近身體還好吧。」

「嗯，還不錯。」

「哦，那你最近有空嗎？」

「需要我幫什麼忙嗎？」

「也不是特別麻煩的事，就是怕耽誤你的時間。」

「您說看看，如果辦得到，我會盡力去辦。」

「其實也不是什麼特別重要的事。」

「您別客氣，能幫的，我不會推辭。」

「哎，其實對你來說，就是一件小事。」

這段對話發生在一個朋友和他的一位親戚間。朋友說，他被這個親戚搞到快要崩潰了，拐彎抹角說了十分鐘，也沒有說明白想託他做什麼。

朋友說，他一直在猜測：這個親戚到底要幹什麼？是要借錢，還是有別的事情？朋友是名員警，他甚至在想是不是這個親戚做錯了什麼事了，想要走關係。

如果是借錢那還好說，能出多大力就出多大力。朋友就怕親戚想利用他的職務之便，讓他做一些違法的事情，這樣會讓他很為難，弄不好自己也會受到處分。但是不幫的話，又會傷了親戚情分。所以，他特別想搞清楚對方到底想讓他幫什麼忙。

有話直說，不拐彎抹角，才是最有效的溝通方式。這樣做，一來是尊重對方並節省對方的時間，二來是減輕對方的心理負擔。

表妹向我吐槽：「你不知道，我有個室友簡直太敏感了，無論我們說什麼，她都能聯想到自己，總認為別人是在說她。」

「有一次，我們在宿舍討論一個女明星，說她衣品太土了，簡直就像個村姑。結果她認為我們是在說她，嫌棄她是農村來的。」

「我們當時只是在討論這個明星而已，真的沒有含沙射影。後來我還私下裡向她解釋了一番，可人家就是不肯相信我們沒有說她，還說我們在排擠她，嫌她土。」

有些人總是喜歡自編自演，在戲中不能自拔，還總把自己的敏感多疑當作冰雪聰明。

我覺得兩個人的關係好到一定程度時，給人最直觀的感受就是他們說話的過程中，不用想措辭，不用怕對方誤解，也不用擔心自己哪句話刺激了對方敏感的神經。總之，就是交流起來特別舒服。

面對上司，說話時會因為職位而有壓迫感；面對師長，說話時會因為尊重而有距離感；面對陌生人時，我們說話會有戒備心；面對不算很熟的人時，我們說話前總會先考慮一番。這樣的交流，都不會讓人感到愉悅和放鬆。

在這個快節奏的社會，人們會充滿焦慮，產生很多心理垃圾，這時就需要找個人來排遣和訴說。有些事情憋在心裡，會讓人很難受。但如果面對一個人，可以把所有的委屈都說出來，而不用有任何顧慮，我們的心裡就會舒坦許多。

所以，一生中，一定要有那麼幾個人，能讓你在面對他們的時候，說話不用費腦子，表現出最真實的自己。如果真的遇到了這樣的人，一定要好好珍惜，他們就是你這一生中最重要的人。

如果能擁有幾個說話不用費腦子的朋友，你就是個富有的人。

有了被遺棄感，說明你正在改變

03

當你決定要努力做一件事情的時候，就說明你試圖從一個熟悉的圈子進入到另一個在你看來更優秀的圈子。而當新圈子尚未接納你，舊圈子卻已遠離你而去的時候，你就會產生孤獨感和被遺棄感。

上大學的時候，我們宿舍有七個人，當時出了一款網遊，大家就一起玩。

玩網遊，要打怪、刷副本、買裝備。有時候，一個副本要刷N遍，才能刷出一個裝備來，所以十分耗時間。當時，我們經常會組隊去網咖玩，而且通常都是一個宿舍整體出動，場面很是浩大。

後來，我決定考研究所，就準備退出這個遊戲，因為它實在太耗費精力和時間了。這個時候，身邊就出現了幾種聲音。

「我們宿舍就你一個人考研究所，你不覺得孤獨嗎？」

「研究所畢業也不一定能找到好工作。」

「下午一起去打副本吧，給你把那個裝備打出來。」

說實話，考研究所的這個信念我也動搖過。因為整個宿舍就我一個人考研究所，而大家都在玩遊戲，我的確感覺很孤獨。但是最後，我還是忍痛把我遊戲角色的裝備全部都扔了。要知道，那些裝備可是我耗費了大量的時間才打到的。

從此，我便開始了孤獨的考研究所之路。

每天晚上，當大家不是出去打電動，就是在宿舍打牌或者看電影的時候，我都是一個人在自習室。回去之後也沒人搭理我，彷彿我不存在。我也不知道是大家有意疏遠我，還是刻意不想打擾我，反正那段時間，我深刻地感受到了孤獨和被遺棄。

大四上學期，課程已經不多了，當整個宿舍的人都在睡懶覺時，我就起來背單字、讀英語。我每天六點就從床上爬起來，梳洗完去自習室，從早晨起床到離開宿舍，沒有人和我說一句話，因為大家都在睡覺。

宿舍的人沒有午休的習慣，而是打牌、看電影，聲音很吵。我無法在宿舍午休，就只能趴在圖書館的桌子上休息，到了晚上十點多圖書館關門，才會回宿舍。整整一天，我和宿舍的人基本上都沒有交流。

大一和大二的時候，我和宿舍的人相處得都很融洽，大家一起蹺課、一起玩遊戲、一起睡懶覺、一起吃飯。那時候，我沒有感覺過孤獨。而當我決定考研究所的時候，才深深地體會到這種感覺。這種感覺，一直持續到我拿到了研究所錄取通知。那一刻我才發現，**我曾經感受到的被遺棄感，在我透過努力實現夢想獲得的幸福感面前，根本就不值一提**。同時，我也明白了，所謂的遺棄，只不過是大家選擇了不同的道路而已，而不是誰遺棄了誰。

剛畢業進入公司的時候，我們部門一共招聘了三十六名新員工，大家來自不同的學校，都是朝氣蓬勃的年輕人，相處得也很融洽。畢竟是剛進部門，還沒有複雜的職場關係，大家都顯得很單純，和在學校裡面與同學相處的感覺很像。那時一下班，就會有人喊我去喝酒聚餐。

剛進部門，同事能邀請我喝酒，我自然是卻之不恭。而且那時候，也確實沒有什麼要緊的事情，所以每次有人叫我，我都會去。大家都是剛從學校出來，且拿到了人生中的第一份薪資，所以喝酒聚餐很頻繁，今天你請我，明天我請你。我因為喝吐過好幾次，就有些不大願意喝酒了。但是礙於面子，大家一叫，我又跟屁蟲似地跑去喝，然後回來再吐。

後來，我的讀者粉絲群組裡有人問我怎麼不開新書了。我說上班忙，實在沒空。可仔細一想其實也不是那麼忙，於是就在網站上開了一本玄幻小說。因為之前在這個網站上寫過文章，所以就順利簽約了。

讀過網路小說的人應該都知道，網路小說要天天更新，否則，就沒有全勤獎，讀者也會大大流失。所以，我得保證每天至少有二千字的更新，而且週末也不能休息。

自從開了新書，再有同事叫我出去喝酒的時候，我就說自己要更新書，沒時間去。也確實沒有時間，每次喝完酒，我頭都暈得厲害，根本不能寫字，整個人的狀態很差，而且會持續到第二天。同事叫了我兩次，我都拒絕了。後來，他們再一起吃飯喝酒的時候就不叫我了。

於是，我又成了一個人，孤獨地寫字，產生了一種被遺棄感。但是，這時我已經成熟了，能夠平靜地看待這件事情了。與此同時，我也開始享受這種被遺棄感，因為這樣，我才有更多的時間做自己喜歡的事。

當你決定要努力時，如果能體驗到被遺棄感，就說明你正在改變。不要恐慌，當你努力到一定程度時，就會有一個更好的圈子來接納你。

04

所謂發脾氣，本質是內在實力的一場較量

發脾氣，是一件司空見慣的事。有些人透過發脾氣，能很快達到目的；而有些人喊破喉嚨，罵到口乾舌燥也無濟於事。這是為什麼呢？

當一個人發脾氣的時候，他的「脾氣力」是否可以產生效果，或是否可以達到預期的目的，從根本上來說，和他發脾氣過程中的精彩表演是沒有多大關係的。有些人發脾氣的時候，用詞精彩絕倫，面部表情切換自如，甚至臉紅脖子粗加手舞足蹈，看似威風凜凜，實則如同拳頭打在了棉花上，毫無效果。在這樣的情形下，他的「脾氣力」自然是無效的。

然而，很多人每天都在製造這種無效的「脾氣力」。為什麼會產生這種無效的「脾氣力」？為什麼有這麼多人喜歡做這種無用之功呢？那是因為他們沒有弄清楚發脾氣的本質

意義。

發脾氣的本質意義，就是對自己的內在實力能壓制對方的高調聲明。而很多人把發脾氣當成一種達到目的的手段，這顯然是錯誤的。

但凡無效的發脾氣，都是把發脾氣當成一種達到目的的手段，進而忽略了發脾氣背後的深層意義。因內在實力壓制不了對方而發脾氣，只能稱作一場外強中乾的聲色表演，不過是娛人愚己而已。真正會發脾氣的人，是將發脾氣作為一種內在實力的宣示，起到的是警示意義。說到這裡，想必你對發脾氣的本質已經明瞭了。

其實，發脾氣有隱性發脾氣和顯性發脾氣之分。所謂隱性發脾氣，就是不動聲色地以自己強大的綜合實力來壓制對方，讓對方不得不就範。而顯性發脾氣，就是大動聲色地利用語言和肢體動作來助攻綜合實力，以求讓對方就範。

舉一個例子，如果週末老闆突然打電話讓你加班，你肯定不願意，但是又不得不去。在這個過程中，老闆看似沒有發脾氣，實際上不動聲色地完成了一次發脾氣的行為，即利用自身的強大實力對你進行了一次壓制。如果換作是一個普通同事來通知你加班，你肯定會有各種理由推辭，因為同事和你勢均力敵。

在日常的交往中，我們常常會遇到對人發脾氣或者被人發脾氣的情況。只不過很多時候都屬於隱性發脾氣，是在不動聲色中完成的。

那麼顯性發脾氣就很好理解了，常見的情侶吵架、主管訓斥員工和鄰里之間的叫罵都屬於此範疇。能發展到顯性發脾氣階段，一般都意味著雙方勢均力敵、綜合實力相當，需要借用犀利的語言和豐富的肢體動作來給自己助威，以求增強綜合實力，最終讓對方屈服。

生活中存在一種現象，陌生人之間的發脾氣，更容易擦槍走火，發展為顯性發脾氣；而熟人之間的發脾氣，大多數都是隱性的，即以潛移默化的方式進行綜合實力的輸出和壓制。

陌生人之間發脾氣的時候，喜歡破口大罵，然後捲起袖子就開始打架，因為陌生人之間無法對彼此的綜合實力做出準確的判斷，所以就很容易採用原始的評判標準，即體力之間的較量。

熟人之間的發脾氣，更多的是隱性發脾氣，其根本原因在於雙方對彼此的內在實力很瞭解，所以就很容易不動聲色地發脾氣。

通常情況下，如果有人向你發脾氣而你不反擊的話，就會被人認為「脾氣好」。給人造成脾氣好的印象有兩種本質的原因：第一種，就是你根本不在乎對你發脾氣的這個人，且認為這個人不會對你造成任何影響，所以你會不在意；第二種，從很大程度上來說，就是面對自己的無能為力時所做的一種自我保護。也就是說，透過隱忍來達到自我損傷的最小化。需要明白的是，這裡的「隱忍」並不是貶義詞，而是有著識時務者為俊傑的意思。

相反地，有些「不通人事」的人，把別人對自己發脾氣當成對自己人格的侮辱，於是惱羞成怒地和高位的人赤膊而戰，最終只能是潰不成軍。

這裡需要分辨的是，當一個人對你發脾氣時，他的本意其實並不是挑釁和羞辱你，而是一種自我實力的宣示。除非你有與之匹敵的實力，否則，就不要死要面子活受罪了。當然，還存在一種人，本身並沒有什麼內在實力，卻經常發脾氣，而且發脾氣的對象還是比自己內在實力強的人。這樣的人是無法在社會上生存的，因為他根本不懂生存之道。當然，如果你是內在實力強的人，在一些情況下發脾氣能高效快速地解決問題和事端，這樣的發脾氣就不能說沒有用。

發脾氣，是一種情緒的高能輸出，對於人際關係的維護具有毀滅性。所以發脾氣的時候，一定要明白其中的本質，不要任性，無效的脾氣只會自損肝臟，無益於身體。

發脾氣甚至是吵架時，雙方拚的都不是叫罵聲和咆哮聲，而是內在實力。內在實力的組成包含但不限於財富、身分、背景、地位和學識等。

你之所以焦慮，是因為你急於過「標配」的人生

05

在華人的意識中，每個人生階段都會有一個「標配」般存在的範本，而迫切成為符合這個範本的「標準件」，是多數人焦慮的根本原因所在。

一對年輕父母，關於孩子的「標配」標準就是生一個「別人家的孩子」，聽話又懂事，功課成績好，年年拿獎狀，讓父母有面子。如果生了個調皮搗蛋、不愛念書的孩子，父母就會時刻拿自己的孩子和隔壁家的「標準件」去對比，而愈對比就愈發覺得自己家的是個「瑕疵品」。一旦被父母拿來和隔壁家的「標準件」對比，時間久了，孩子也會慢慢覺得自己是個「非達標產品」，從而自信心受到劇烈打擊，最後破罐子破摔。

一些剛畢業的學生，他們所認為的「標配」人生，就是

在兩年內有房有車、三年內結婚生子。如果誰在最短的時間內完成了這些事情，就會被周圍的人稱為「人生勝利組」。

一個二十六歲的女讀者，當她看見同學和同事都紛紛走進婚姻的殿堂，便感到十分焦慮，以致嚴重失眠。因為她媽媽說過，作為一個女人，就應該在二十四歲之前把自己嫁出去，在二十八歲之前生完二胎，然後相夫教子，這樣才是女人的「標配」生活。這個女孩看著身邊的閨蜜一個個都成了「人生勝利組」，雖然自己的事業節節攀升，但還是覺得自己「失敗極了」，因為她走的不是女人的「標配」之路。

我曾經和朋友討論過：究竟什麼樣的男人才算是相對成功的男人？

結果幾個朋友都認為，三十歲之前買房買車，結婚生子，事業蒸蒸日上，外加一筆不小的存款，這樣的生活狀態才算是三十歲男人的「標配」。如果再優秀點，住六十多坪的房子，開上百萬的車子，這比「標配」有所升級，算是人生的「豪配」吧。

大多數男人為了達到「標配」，成為一個「標準件」，整日焦慮不安、憂心忡忡，總覺得自己活得「很窩囊」，完全沒有「男人的尊嚴」。

一個朋友說，自己的成績曾經勝出眾多同學，畢業後留在了北京，工作也不錯，但是距離在北京買房還差一點。而他的一些同學，早就在三、四線城市買房買車、結婚生子，達到了「標配」。看著別人秀恩愛曬娃，全是歲月靜好。而自己在北京苦苦努力，至今卻仍孤身一人，覺得很失敗。

「人生勝利組」這個詞，似乎成了褒揚一個人的最高標準。而評判一個人是否是「人生勝利組」，就要看他是不是已經「有房有車」並且「結婚生子」。然而，人生又不是一場賭博，哪有什麼「人生勝利組」和「魯蛇組」，只不過是每個人走的路不同罷了。

這麼說來，要想過「標配」的生活，奮鬥是必須的。人生不是一場賭博，而是一場旅行。如果把人生當成了賭博，那麼注定會和焦慮永伴。

每個人的人生都是不一樣的，不同的人生有不同的精彩，而我們都希望活出自己獨一無二的精彩。

我見過急於過「標配」生活的人，他們給自己制訂了詳細的人生「目標」，對房、車、存款、伴侶、孩子……都會做出一個精確的時間計畫，並且認為只有如期完成才能成為所謂的「人生勝利組」。

其實，「人生勝利組」不過是過上了大眾的「標配」人生。這種「標配」模式的生活，其實很沒有挑戰性。把人生過成了「標準答案」，淪為庸俗的「大多數」，這樣的人生無趣極了。

我們要盡自己最大的努力，慢慢地靠近自己想要的生活，而不是追趕「標配」。在這個努力的過程中，享受生活中的美好和溫暖，如此，才算沒有辜負歲月。

不給自己設定「標配」，不給孩子設定「標配」，不去羨慕別人的「標配」，不去嘲諷別人的「非標配」，這是最起碼的生活智慧。只要懷著對生活的美好期許，並且一直努力向上，擁抱愛人和家庭，用心工作，在自己的能力範圍內回饋社會才是最好的人生路。

值得一過的人生，是你自己獨特的人生，是「私人訂制」。

誰不是一邊覺得活著沒意思，一邊又元氣滿滿地活著

06

一個朋友在群組裡吐槽工作太辛苦，說自己每天早晨六點就要起床，一路狂奔只為能擠進捷運。在公司，拼盡全力地工作，不敢出一點錯誤，生怕被解雇。辛苦了一天，在夜色中回到租住的六坪大的小套房，感到身心疲憊，看不到未來和希望，他覺得生活本不該是這個樣子的。

聽到他這麼悲觀，感覺他生活在水深火熱之中，我們本打算勸解一番，可是下一秒就收到他的消息，說這個月發了一萬塊獎金，要去吃頓大餐啦。二十分鐘後，他的朋友圈就刷了幾組美食照片，心情可謂大好。

一個女人向她的幾個閨蜜傾訴她的丈夫不善解人意，不會照顧人，工作也不努力，聽上去彷彿鐵了心要和丈夫離婚。可是手機一響，接了一通電話後，只見她立即笑著說：「我

老公做好飯了，叫我回家吃飯呢。」瞬間，臉上洋溢著濃濃的幸福。

面對生活中的不如意，我們會抱怨、咒罵。我們感覺自己被無情地拋棄了，感覺整個世界都與自己為敵，感覺自己猶如世界的一粒沙礫、一顆塵埃，沒有目標，沒有方向，不知道該何去何從，漫無目的地隨風搖擺，甚至覺得連風都懶得搭理自己。我們感覺自己就像一個沒有生命的玩偶，被命運玩膩了便隨手一扔。

但是，生活給予我們的不全是這些負面的情緒，還給了我們希望、感動和善良。在某個時刻，我們的內心會一瞬間被溫暖填充，然後又一下子恢復元氣，重新愛上這個世界。

一生中，我們都會經歷幾段特別難過的時光，譬如考試失敗、生意失敗、被解雇、和朋友鬧矛盾、夫妻感情不和，甚至家庭遭受重創……這些灰暗的時光，把我們折磨得體無完膚、千瘡百孔，讓我們絕望不已、撕心裂肺，看不到未來、看不見希望。

我們就好像被人掐住脖子，把頭塞進冰冷的水中，感覺快要窒息。儘管我們失望、傷心，覺得不公平，但是我們的內心一直還抱有希望，傍晚的雲霞、偶爾的蟬鳴、孩子的一聲爸媽、朋友的一句關心，都會讓我們心潮湧動，覺得這個世界依然美好。

無論多麼壓抑和痛苦，黑暗中的那點光亮都足以讓我們在短暫的痛苦中重新元氣滿滿。因為我們始終相信，烏雲一定會散去，太陽一定會露臉，生活總會迎來光明。

經歷得多了，我們就會愈來愈熱愛這個世界。隨著年齡的增長，我們有了朋友、有了愛人、有了子女，正是因為有了他們，我們才有了最美的回憶，也才有了可以期待的未來。這些被我們牽掛和羈絆的人，讓我們感受到了開心和幸福。

真正強大的人，是抱怨、傷心、失望、痛苦過後，依然元氣滿滿，然後繼續前行。

生活不可能十全十美，人生也不可能一直稱心如意。有些人在黑夜裡哭泣，在人前卻笑靨如花。這不是因為他們虛偽或者外強中乾，也不是因為他們心腸硬或者神經大條，而是因為他們充滿智慧，明白生活本就是由痛苦和快樂構成的。

如果你一直逃避痛苦，那麼注定你也會失去快樂。我特別欣賞那些失意和絕望的時候能快速恢復的人。當我們面對困境且覺得不可能戰勝時，可能是我們低估了自己的能力，其實咬咬牙再堅持一下，那些不開心的事情、那些覺得可能過不去的難關，都會慢慢過去的。

不沉湎於痛苦，讓自己快樂是一種能力。

朝雲、晚霞、美食、朋友……很多美好的事情都是我們恢復元氣的動力。無論遭受多大的打擊，我們都要明白，沒有人會一直沉在谷底，只要再努力一點，就會慢慢地爬起來，從此變得更加堅強。

那些堅強的人，其實都是在經歷多次的傷心和失望之後，心裡的創傷才會慢慢結痂。而這些血痂就成了他們堅強的外衣，讓他們變得愈來愈成熟。願你流淚的時候，也能想起世間的美好。

人生是不圓滿的，同時也是圓滿的。

不圓滿，是因為這一生我們會感受到很多痛苦，我們哭著來到這個世界，接著經歷求學和工作的艱辛、婚姻生活和教育子女的焦慮、人生抱負和追求理想的迷惘……痛苦和焦慮一直伴隨著我們。

圓滿，是因為這一生我們會遇見愛我們如命的父母、和我們攜手共度一生的愛人、帶給我們希望和快樂的孩子，還有無論何時都會和我們站在一起的好哥們兒和閨蜜。我們能幸運地體驗春夏秋冬四季輪迴，生老病死生命無常，悲歡離合俗世情慾，天南地北世間美好，所以說，這一生也是圓滿的。

人生，其實也是一場修行。不悲不喜的境界我們難以達到，但是我們要努力修行。而修行的緣由，就是我們要理解生命、認知自身，懂得命運和努力的意義。逆境時，我們要相信努力的意義；順境時，我們要明白命運的無常。因此，我們要儘量讓自己圓融和通透起來，給自己一個圓滿的人生。

誰不是一邊覺得活著沒意思，一邊又元氣滿滿地活著？願你在認清社會的現實之後，依然熱愛生活。

第三部

保持初心，才能讓自己更強大

01

低潮並沒有那麼可怕

下班後，顧不上疲憊和悶熱，我和磊哥、點姐義無反顧地擠進熱火朝天的公車。儘管公車如同蒸籠一樣，卻絲毫沒有減少我們的激情。

之所以會這麼拚，乃因今天是火鍋半價的最後一天。「都別動筷子，我先喝一口湯。」磊哥迅速地拿起湯勺，給自己盛了滿滿一碗紅油火鍋湯。

「你口味真重！」點姐頗為鄙視地說道。

磊哥吸吮了一口湯，喝湯的聲音很大，但是並沒有喝進去多少，因為湯太熱。不過可以看出，磊哥喝得很享受。

「好久沒有吃大餐了，活著真爽。」磊哥心滿意足地喝完一碗湯後，發出了這樣的感慨。

「我可以下菜了吧？」點姐迫不及待地將羊肉捲和魚丸傾盤而入。

這是一家新開的店，因為座落在西安最繁華的地段，材料也極其新鮮，所以價位比一般的火鍋店要貴些。

「這家店也就是打折的時候才來吃，如果不打折，根本不划算，趁著半價我們要盡情吃啊。」點姐撈起一顆魚丸塞進嘴裡，邊吃邊說。

「我們真窮，吃個火鍋也要精打細算，哎！」磊哥歎了一口氣。

這句話真真切切地說出了我們的境況：我們仨都很窮，沒房沒車沒存款。我們基本上都在公司吃食堂，偶爾才會破費一次吃頓大餐。而吃大餐一定是團購，或者是選擇週年慶或剛開業的店，因為它們有折扣。

為了吃這頓火鍋，我們可是在公車上擠了一個多小時，滿身都是汗。我們用漏杓在湯裡撈了三遍，確定沒有「漏網之魚」後，這才放下筷子付錢走人。

回去的時候，透過公車的窗戶，看著疾馳而過的私家車，磊哥閃爍著眸子說：「什麼時候，我也能買一部車，就不用在這麼熱的天擠公車了。」點姐則一臉憧憬地說道：「還是先攢錢買房吧，我想有一套屬於自己的房子。」

我們仨，一個想著車子，一個想著房子，而我想著下個月發了薪資再來吃一頓大餐。

大博，是我的一個好朋友。實習完回到西安，我就直奔大博家，看著大博白白胖胖的兒子，真是讓我羨慕不已。

「大博，你是人生勝利組。」我笑著說。

「啥人生勝利組，老婆孩子跟著我吃苦，我現在感覺好迷惘。」大博的眼神中透露著疲憊。

大博租的是兩房的屋子，他媽媽帶著孩子住主臥，他們小夫妻住次臥。房間裡的沙發是舊的，床是舊的，櫃子也是舊的。唯一新的，就是一部嬰兒車，還有一個布質的簡易衣櫃。

大博現在滿心都是柴米油鹽，他任職的公司收益不佳，他也一直糾結著要不要轉職。沒有孩子時，他還沒感覺到負擔這麼重，他和老婆偶爾還會看看電影出去旅行；有了孩子之後，除了給他帶來幸福感之外，經濟變得拮据，時間也沒有了，他覺得自己跌入了人生低潮。

大博的母親一個人照看孩子很累，於是大博就趁著週末給孩子洗尿布、買菜、做飯。在我的印象中，大博是一個很會玩的人，喜歡打球和K歌，沒事喜歡和朋友聚聚。而現在的他，多了些成熟的味道。

二十多歲的我們，又窮困又迷惘，正處在人生低潮，就連吃一頓火鍋也要精打細算。我的好朋友大博，結婚生子後，生活似乎也陷入了困頓。

但還有一些人一路高歌猛進，和我們年紀相仿，卻已經有房有車，家庭事業雙豐收。在我們看來，這些人就是「人生勝利組」，已經邁入了人生巔峰。然而，不同的人有不同的路要走，旁人是羨慕不得的。

對於有些人而言，幸福可能會晚一點到，譬如那個愛你如命的伴侶。可能你的朋友和同學早已結婚生子，而你還沒有遇到那個你愛的人，但是一定不要著急，那個晚到的人只是為了給你驚喜。

那些看得見的東西，譬如房子和車子，時間都會慢慢給我們的，只是晚一點而已。那些看不見的東西，譬如感動和小確幸，無論我們是處於低潮還是巔峰，只要熱愛生活就會擁有。

所謂人生巔峰，就是長久地在低潮中徘徊，卻一直不肯放棄，最終成功走出低潮。在人生低潮中，我們體驗的心酸、付出的汗水、遭受的白眼，都是為我們走向人生巔峰所做的最好準備。有些人比我們快一步，就像搭乘了高速列車一樣，而我們則是徒步前行，雖然落後了一些，卻看到了自己喜歡的風景。

用心生活，不去攀比，艱難的日子不會太久，挺一挺就過去了。

請相信，生活一定會春暖花開。

別忘了，你曾經也優秀過

02

事實上，我們之所以這麼努力，只是為了找回那個曾經優秀的自己。

我和小學同桌小蓓，已經有十多年沒見過面了。過年回家在超市碰見了，我和她先是一愣，然後相互打量了半分鐘，才一起笑了。因採買年貨，超市的人比較多，我們就找了一個儲存貨物的角落聊起天來。小蓓帶著她的孩子，五、六歲的樣子，是個可愛的小姑娘。

小學五年級的時候，她是我們班的學習幹部，成績一直排在前三名，是被老師捧到天上的那種女生。而作為她的同桌，我只能默默地看著她發光發熱。她還寫得一手好字，胳膊上永遠都戴著幹部的三道槓，絕對是班主任的寵兒。那個時候，她如同一顆耀眼的星星，不僅成績好，人長得也清秀，簡直就是我心目中的女神，讓我念念不忘好些年。

「妳現在在哪兒高就呢？」我問她。

她摸了摸孩子的頭，訕訕地說道：「也沒做什麼，就在家裡給小孩做飯。」

看著眼前身材發福、穿著輕便的小蓓，也就是我曾經的女神，讓我有種悵然若失的感覺。曾經那麼優秀和耀眼的小蓓，現在是一個給孩子做飯的家庭主婦，沒有自己的事業，居住在老家這個小地方。

當然一個人的幸福不是從外在能看出來的，但是我總覺得她可以有更好的生活，可以像我的一些大學女同學一樣，意氣風發、擁有自己的事業。

也許是因為孩子在場，她並沒有多說什麼，只大概說了一下她上高三之後就沒有好好念書，結果沒有考上大學，於是早早地訂了親、結了婚。

每個人的人生經歷中，都有過優秀和輝煌。我也曾經因為國二和國三時的優秀成績，認為自己要考上北大、清華不是問題。然而上了高中，進入我們學校最好的資優班之後，我的成績就不忍直視了。資優班是由聯考成績優秀者組成的。每一年，資優班最後十名都會被剔除掉，然後讓其他普通班級的第一名加入，競爭可謂殘酷又激烈。

而我一直在倒數十幾名垂死掙扎，儘管沒有出局，但是結果並不理想。反而那些從普通班級過來的同學一個個爆發力十足，橫衝直撞地進入班級前列。而曾經優秀的我，也只是考了一所很普通的大學。當然，我是接受現實的，畢竟付出和收穫是成正比的。

優秀並不難，難的是能夠一直保持下去。

我有一個研究所同學，在一家外商上班。剛就任的時候，她感覺壓力很大。

她說有好多清華大學畢業的高材生，覺得自己這個學渣可能被虐死。對於她的擔憂，我感同身受。

一年過後，當她再次和我聊天的時候，已經坦然了許多。她說自己這一年簡直是拼了，終於在技術上和清華畢業的同事差不了多少了。

我問她：「是什麼讓妳下了這麼大的決心，付出了這麼多的努力？」

她笑著說：「本姑娘也曾經霸氣過，也有上清華的潛力，所以就拼著一股勁兒，想看看能不能超過這些同事。」

這個同學現在已經成了公司的一個小主管，可以說和那些一同進公司的清華畢業生相差無幾，甚至比其中一些還要更優秀。

這個同學曾經有過輝煌，可能是在小學，或者在初中，或者在高中。這些優秀的過往都是美好的回憶，有時候分享出來會讓周圍的人知道自己曾經多麼厲害、多麼耀眼。

但是**曾經的優秀，不應該僅僅成為美好的回憶，更應該成為眼前奮發向上的動力**。畢竟我們也曾經優秀過，所以我們絕不能妥協於現在的平庸。

有時候，曾經的優秀可能會成為現在的傷痛。比如我的同學小蓓，在超市和我分別的時候說，她現在最後悔的，就是當初在最好的年華沒有把精力放在功課上。曾經那些成績不如自己的閨蜜，一直都沒有放棄學習，最終考上了大學，在大城市中活得有聲有色。而自己本來很優秀，如今卻只能每天在菜市場和廚房中轉悠。

小蓓曾經是「別人家的孩子」，也是小夥伴中的佼佼者，她卻沒有將她的優秀保持下去。我不想去猜測她過得幸不幸福，只是覺得她可以過得更好。有時候，一直平庸並不可怕，可怕的是從優秀走向平庸。

我見過太多的人，扼腕歎息自己曾經多麼多麼厲害、多麼多麼了不起。言語之中雖有自豪之情，但更多的則是歎息。

曾經的優秀只能代表曾經，代表不了現在，也代表不了將來。曾經的優秀能夠證明你有優秀的能力，但是不能證明你有一直保持優秀的魄力。

你是否還念念不忘曾經的優秀？當你迷惘、頹廢、疲憊的時候，回頭看看曾經走過的路，會發現自己其實還是挺厲害的。每個人都有一段優秀的經歷，只不過被後來更多的平庸所淹沒。他們在前行的道路上被那些加快腳步的人愈甩愈遠，最後成就了現在平庸的自己。

不要等了，從此刻開始努力吧！因為我們曾經優秀過，所以我們不能忍受現在的平庸。唯有如此，我們才能找回那個曾經優秀的自己。

當面對困難的時候，我們要告訴自己：我們曾經優秀過，所以我們有再次優秀的能力！

03 不要讓你的野心，配不上你的才華

野心之所以被稱為野心，就是因為它超越了一個人當下的能力，需要努力拼搏很長時間才能夠實現目標。如果一件事情根本不需要努力或者稍微努力一下就能做到，那就不能叫野心了。

我遇到過一些特別優秀的人，並未過上與他們才華相匹配的生活；反而是那些並不怎麼有才華的人，因為野心，最終過上了他們想要的生活。

我表哥比我大兩歲，不愛念書，初中畢業就輟學了，之後學過漆匠。有一次，他還帶著我去看他的作品，就是幫他們村裡的一間新房漆結婚用的衣櫃。油漆有著很刺鼻的味道，我待了幾分鐘受不了就跑開了。後來他還學了一段時間的木匠，接著又跑到西安跟著裝修隊改水電。我阿姨說我表哥不

讀書，沒出息，所以只能做這些力氣活。但是就在前年，我表哥當了老闆，有了自己的裝修團隊，包工程賺了很多錢。

表哥說，他從初中輟學的時候，就想著當老闆。而他當學徒的時候，就盤算著自己如何能當上老闆帶著自己的員工包工程。連野心都沒有，還怎麼掌握命運？

農村的人都是以種地為生，而我們村裡出了一個例外。那個人說，他不想當農村人，就想當城裡人。

村裡的人都笑話他，說他癩蛤蟆想吃天鵝肉，城裡人哪是那麼好當的。再說了，他家祖祖輩輩都是農民，也沒見他家墳頭冒青煙。可是那個人，攢點錢就往縣城跑，後來還坐著火車跑到深圳去了。他去了一個多月，花了好多錢，被父親說成是敗家子。

當然，這些都是我聽村裡人說的。等我懂事的時候，那個人已經住在縣城了，做起了服裝批發的生意，賺了不少錢。最後他取得城市戶籍，成了名副其實的城裡人。

野心，是一個人不輕易妥協的最好證明，也是一個人成功逆襲的最大利器。正如我們村裡的那個人，雖然年輕的時候經常被他父親罵不爭氣、敗家子，但是憑藉野心早先一步走出了村子，過上了讓村裡人羨慕的生活。

野心配不上才華，其本質是目光短淺和視野狹隘。我是在農村上的小學，當時學校條件很差，一下雨教室就漏水，如果不幸坐在漏水的地方，後果可想而知。

上三年級的時候，語文老師經常給我們講她的「悲慘命運」。據語文老師說，當年她的成績特別好，考大學絕對沒問題。可是上高二那一年，由於村裡小學教師短缺，縣裡被分配了名額，並且有正式編制。她一聽，不用考大學就能有工作，還有正式編制，就動心了，於是放棄讀高中，在村裡當起了小學教師。而她們班裡一個功課成績不如她的女生，先是考上了專科，後來專科升大學，再後來讀了研究所，現在是知名大學的教授。

用我們語文老師的話來說，就是她當時被蒙蔽了心，覺得當個小學教師就很滿足了，根本沒想著自己還可以有更好的前途。把一手好牌打爛，說的就是野心不足的人。

人活著就要有所期待，而期待指的就是野心。

有野心的人，這一生注定會激盪飽滿，而缺少野心的人，可能連平凡都達不到，直接淪為平庸。所以，**一定要讓你的野心超過你的才華，然後努力去彌補差距，如此才能減少遺憾**。要知道，你的野心才是讓你變得優秀的原動力。

你敢不敢以自己喜歡的方式過一生

04

「我不喜歡現在的工作。」
「那你辭職吧。」
「呃，但是辭職後，我又擔心錄取不上自己喜歡的公司。」
「那你就乖乖地在這家公司待著吧。」
「可是，現在的工作做起來沒有激情，薪資也不高，公司的氛圍我也不喜歡。我一想到要做一輩子自己不喜歡的工作，就特別不開心。」
「那你還是快點辭職吧。」
「可是……我還是不敢辭職，現在的公司最起碼能保障我的基本生活，萬一找到的新工作還沒有現在的薪資高，那怎麼辦？」
「那你可以騎驢找馬啊，到時候再辭職。」
「可是我已經畢業六、七年了，都三十多歲了，和剛畢業的大學生去競爭，有點尷尬啊！而且還要準備筆試和面試，太麻煩了，我都有好多年沒翻過書了。」

「那你就好好待著吧，別想著辭職了。」

「可是我做得不開心啊，看著別人能做自己喜歡的工作，我真的好羨慕啊！」

……

很多人都掉入這種惡性循環中，既不喜歡自己現在的工作，又沒有勇氣辭職，於是每天都糾結著要不要換一個工作，但就是不付諸實際行動。

時間就這麼一天天帶走了他的黃金年齡，當他發現自己已經沒有了換工作的優勢時，就只能在那間公司一直做下去，直到退休，也沒有做上自己喜歡的工作。

人生中有一種悲苦，就是自己明明不喜歡做的事，卻偏偏堅持了一輩子。

我有個朋友，以前是公務員，主要工作就是幫上司寫發言稿和各種彙報資料。她從二十二歲大學畢業開始，一直做了五年。有一天，她看到自己以前寫的文章，大哭了一場。因為她發現，這五年來，她根本對不起自己一直喜歡的文字。

想當初她文筆靈動，文采斐然，被老師稱讚為可以在文學方面有一番作為的人。可是現在她的文字全是套話和官話，索然無味。

她正是因為喜歡文字，才進入機關寫文書。可是現在，她發現寫這些文字根本不是她的夢想，甚至讓她感覺自己離夢想愈來愈遠。經過半年的思考，她終於下定決心放棄了穩定的公務員工作，進入一家新媒體企業。她重新寫起了有生命力的文章。她說，原來做自己喜歡的工作，會讓人精神豐盈、神采奕奕。

一個成功考上研究所的讀者和我聊天。他說，當年聯考他想選歷史系，可是家裡人一致反對，認為歷史系沒有前途，也沒有錢途，因而要他念經濟系。儘管他一再堅持，可還是耐不住家裡人的軟硬兼施，於是不得不在志願表上填上了經濟系。他對經濟學沒有一點興趣，所以從大一開始就一直很彆扭。

為了能轉到自己喜歡的學系，他自學歷史系的課程。為了能讓家裡人相信，即便是學歷史這項冷門專業，他將來也一定會有出息，他決定考一流國立大學的研究所。

他就讀的學校只是一所省屬公立大學，因此他要考北京師範大學，並且是跨科系，難度可想而知。他說，從大一下半學期開始，他就在為考研究所做準備。

同學們晚上通常都在宿舍打電動，只有他一個人泡在圖書館裡，硬啃歷史專業書籍。臨近研究所考試時，他的專業課讀書筆記寫了厚厚的七、八本。他不但把研究所考試大綱上的參考書目全部讀完了，而且還讀了一些延伸書目。由於一心想著考上研究所，他和同學們的關係並不怎麼密切。同學們都說他有點神經兮兮的，可是他毫不在乎。

研究所考試成績出來後，他順利通過了初試，卻在面試時被刷了下來。

努力付出卻沒有收穫，這是所有努力過的人都可能要面對的現實。但是，最後能獲得成功的人，都會在這種情況下選擇繼續努力。

其實以他當年的分數，絕對可以上其他大學的歷史研究所，但是北師大是他喜歡的大學，而且裡面有一位他十分崇拜的教授。所以他告訴自己，一定不能放棄，也一定不能辜負自己的夢想。

於是他重整旗鼓，開始了二次戰鬥——準備報考同一所學校，同一個導師。

大四下半學期，同學們都找到了工作，一個個已無心念書，整間宿舍處於歡騰狀態。大家每天的生活就是聚會、喝酒、唱歌、旅行。而他仍舊是一個人，孤零零地背著書包、拿著水杯，泡在圖書館。

家裡人看他無心找工作，就託熟人幫他找了一家公司的財務工作。但他並沒有去報到，而是前往北京，在北師大附近與人合租了一個房間，白天有時候去北師大的自習室複習，有時候去聽歷史系大學部和研究所的課。「努力」不負有心人。第二年，他以筆試第一、面試第一的成績被北師大錄取了。

有時候因為各種原因，我們可能會選擇一條自己並不喜歡的路。走在自己不喜歡的路上，有的人苦悶、彆扭，但是有的人仍然努力拼搏，**為的就是在下一個岔路口能有足夠的本事選擇自己喜歡的路**。

這個讀者花了兩年的時間辛苦備考，沒有像同學們一樣打電動，也沒有和同學朋友吃喝玩樂，但是他進到了喜歡的大學、獲得喜歡的科系的研究所錄取通知書，這一切付出都是值得的。人生中最有價值的付出，就是為能夠過上自己喜歡的生活而努力奮鬥。

我思考過一個問題，而且是一個相當嚴肅的問題。當我白髮蒼蒼的時候，回首這一生，我是不是以我喜歡的方式度過的呢？

之所以會思考這個問題，是因為我見過一些上了年紀的人，他們明明不喜歡自己的生活狀態，卻偏偏堅持了一生。和不愛的人結婚，和不喜歡的人打交道，做著不喜歡的工作，住著不喜歡的房子，做著背離夢想的事情，走在離自己靈魂愈來愈遠的路上……終於有一天他們才發現，自己已經變成了連自己都討厭的樣子，而且再也回不去了，因為生命已經走向終點。還有一部分年輕人，他們明明不喜歡自己的生活狀態，卻不願努力付諸行動，以致要把這種一眼望到頭的日子過一生。

人活在這個世界上，要選擇自己喜歡的工作、喜歡的伴侶、喜歡的朋友、喜歡的環境、喜歡的城市，以最好的心態和世界對話，體驗生命賦予的美好。

我們每個人都有很多喜歡的事情，雖然並不能全部實現，但是為了不負此生，我們一定要認真選擇、努力追求。

有些東西得不到，但可以妥協。譬如沒有九十餘坪的大房子，但是可以把小房子布置得溫馨一點，一個家的溫度不在於房子的大小，而在於你對這個家是否投入了感情。

但是有些事情絕不能妥協，比如我們一定要以自己喜歡的方式生活、一定要選擇和自己愛的人過一生、一定要選擇自己喜歡的事業奮鬥一生、一定要和自己欣賞的人交朋友。

所謂喜歡的生活方式，就是有本事拒絕不喜歡的人和事，有實力追求自己喜歡的東西，有能力贏得自己想要的尊重。

我覺得，以自己喜歡的方式過一生也是一種成功。

三流學校的學生，也能過一流的人生

05

寫這篇文章的目的，就是想分享一下我個人的一些經歷和認識，希望能對那些和我一樣畢業於普通大學的學弟學妹們有一點幫助，僅此而已。

我的大學生涯是在北方的一所十分普通的大學度過的，但我堅信一點，就是一所普通的大學，也可以培養出優秀的人才。我深愛我的母校，也沒有覺得它不好。

現在下班之後，我會在網上寫寫文章，分享自己的一些經歷和認識，有讀者留言說我的文章能給他們帶來力量和幫助，這讓我覺得寫文章是有意義的事情。就這個角度而言，我覺得自己並不比那些名校的學生差，活的是一流的人生，也是成功的。

我大學時學的是典型的理工科系，也是我們學校就業率最高的一個科系，可以說只要能畢業，就能找到工作，所以完全沒有就業壓力。直到大三上學期，我去圖書館自習的時候，才發現周圍有人捧著研究所入學考試的書在複習。沒過多久後，同科系的同學也有人準備考研究所了。

那個時候，我正處於迷惘階段，每天渾渾噩噩的，雖然也曾想著認真聽課，學好專業課程，但還是沒能堅持下去。因為我知道，大學的考試，只要在考試前一週，找一些學霸複印一下他們的筆記全力猛K，一般都不會被當。即使這樣，我心裡也一直有個上名校的夢想。看著周圍有人已經在買關於報考研究所的各種資料，我也決定努力一把。

以前上課的時候，我總是坐在最後一排，啃著麵包，喝著優酪乳，或者趴在桌子上睡覺。但是大三的時候，幾乎每門專業課我都會坐到第一排，也開啟了和學霸搶座位的模式。因為在這之前，我不知道前幾排的座位競爭竟然這麼激烈，決定努力之後，基本上每節課我都能搶到第一排的座位。而且為了讓自己有足夠大的學習動力，我還申請了當時班上的學習委員，不為別的，只為激勵自己。因為作為學習委員，不努力聽課的話，實在有些說不過去。

從大三的下學期開始，我就找了幾個志同道合的同學，組成了一支報考研究所小分隊。我的英語基礎特別差，聯考英語只考了九十多分（滿分一百五十分），大二的時候考英檢低空飛過，從此英語就被打入了冷宮。知道自己英語基礎不好，而且好多同學考研究所時都卡在了英語上，所以我大三下學期就開始苦背單字。

背單字是件很枯燥的事情，中間也有很多次想要放棄。然而，所幸最後還是堅持了下來。往年每年暑假我都是要回家的，但是大三暑假和許多考研的同學一樣選擇了留校複習。暑假期間報了英語和政治輔導班。

同時，我們幾個人還報了學校自己辦的數學班。政治和英語輔導班都是在能容納很多人的大教室上課的，需要坐一個多小時的公車。我們每天都是頂著大太陽出門，要走一段路程才能到達公車站，上課的地方是在一個工廠裡面，環境挺差的，但是每次教室裡都坐得滿滿的。

有些課是下午上，而且要連續上四個小時，從上課的地方坐公車回到學校，差不多都要晚上八點鐘了，已經能夠看到天上的星星。

每天從輔導班回來，渾身都散了架似的，四個小時的強力輸入，根本來不及消化，只能埋頭做筆記。大多數時候，我都感覺自己跟不上老師的思路，老師講得飛快，有些單字我根本就不知道什麼意思，當我還想翻詞典查單字的時候，老師已經講完了。有太多次想要放棄，不明白自己為什麼在這麼熱的天，頂著這麼大的太陽，坐一個多小時的公車，和數百人擠在悶熱的大教室上課，而且還跟不上節奏。

放棄……不能放棄……

就這樣，我內心的糾結和掙扎，一直持續並貫穿了整個考研究所的過程。我承認我不是最堅定的研究所考生，不過所幸每次想要放棄的時候我只消沉一陣子，很快就恢復過來，又重新投入複習中。而我之所以能堅持下來，主要有兩個原因：第一個是身邊一直有一個陪我考研究所的研友，她一直沒有放棄，而且異常堅定；第二個是我有一種名校情結，雖然這個情結早在聯考後就被自己扼殺，可是它並沒有死徹底，隨著時間的推移，它又復活了，而且讓我一直不得安寧。

慢慢地，我發現，身邊上輔導班的人愈來愈少，圖書館考研自習室（有一個自習室，被考研究所的人坐滿了，姑且稱之為考研自習室）的人也愈來愈少，大家可能回去過暑假了，也可能放棄了，我不得而知。

暑假兩個月，我一直穿梭在這座城市，往返於學校和輔導班之間，忙碌又辛苦。但是在這段時間裡，我也產生了一種叫作充實和奮鬥的感覺，並且引以為豪。自習室的燈十點半就會關，我回到宿舍很快地梳洗完畢後，就爬上床繼續看書，儘管宿舍裡面充滿了打撲克、打電動、聽歌、聊天的聲音。

就在我也覺得自己有些另類的時候，卻發現了讓我堅持下去的第三個理由，和我一起備考的幾個同班同學都放棄了，這無疑增強了我的信心。因為大家最初的夢想都是朝著專業排名全國第一的大學奮鬥的，而他們的放棄給了我更大的動力。

接下來的日子，每天晚上熄燈後，我都會打開自己預先充好電的小檯燈再看一會兒書，那個時候，我的床鋪有一排都被書占據了。

慢慢地，自習室的人愈來愈少，輔導班的人也愈來愈少，最後和我一起上輔導班的，只有那個最堅定的研友，她依然充滿了力量。我慶幸自己遇到了一個如此有毅力的研友。

當時心裡波動最大的一次，是校內徵才博覽會上，我順利地簽了一個國營企業單位。填好了三方協議，就只剩下了狂歡了。我簽的這家單位承諾，考上研究所後可以帶著錄取通知書違約，且不用繳違約金。徵才博覽會一結束，自習室的人又少了一些，最後輔導班衝刺的時候，人似乎更少了。而這個時候，我也到了最難熬的階段。因為我發現，自己不管多努力也許都不會取得一個好成績，高等數學的大題似乎都不會，英語單字也沒記住多少，政治還沒背過……

那個時候，整個世界都像陷入了黑暗。雖然我表面上保持著足夠的鎮定，然而我的內心是焦躁不安的。每天都按時去自習，等到自習室熄燈後才回到宿舍。

最後的一個月，我都不知道自己是怎麼度過的，每天早晨五點半起床，六點去自習室，晚上十二點多睡覺，一直到考試。

四場考試，每考完一場，考場上的人就會少幾個。當最後一場考試結束時，我如釋重負。那個時候，我已經不計較成績了，也不太在意自己的努力能不能換來成功，心裡只有一個信念：如果這一次沒有考上，我會選擇來年繼續！

中途有太多的誘惑，我都沒有放棄。冬天寒冷的雪花鋪滿校園的時候，我仍舊早早地起床，去學校圖書館門前背單字。那個時候圖書館的門還沒有開，而圖書館開門的大爺和我成了忘年交。他跟我說，以後我來圖書館只要喊一聲，他就會起床給我開門。

開門的大爺和我非親非故，我想他能在冬天離開溫暖的被窩，早晨六點專門給我開門，一定是被我感動了。他說他的孩子在讀博士，他知道其中的辛苦，也喜歡努力的孩子。後來我考上了研究所，還專門回家帶了家鄉特產，送給為我開門的大爺聊表心意。

我用一年的時間，從一所三流學校跨校到本科系排名全國第一的大學。讀研究所期間，我還做出了一些科研成果，比起本校的學生並沒差多少。

我之所以寫自己的大學生活和考研究所過程，並不是鼓勵大家都去考研究所，而是想說明一個道理：只有三流的學生，沒有三流的學校，只有失敗者才會把自己的無能歸結為學校不行。

失敗者永遠在找藉口，成功者永遠在努力。想成為幾流的人，就去做幾流的事，就這麼簡單。

一所好的大學，周圍的環境氛圍可能會好一點兒；一所普通的大學，周圍的環境氛圍可能會差一點兒。但是只要你有一顆努力向上的心，這都不是問題。如果你沒有理想，再好的條件也是白搭。學校周圍的環境氛圍好不好不是問題，問題是你想不想遇見更好的自己。

再補充一句：三流學校的學生，也能過一流的人生！

你說的是快感，我要的是幸福感

06

快感和幸福感的區別在於：快感只是神經短暫的歡愉，之後又會讓人墜入空虛；而幸福感則是沉入心裡的淺吟低唱，會讓我們內心明媚，熱愛生活。

朋友Y說，日子過得有些無聊和寡淡，世界那麼大，他想去看看。他來了一場說走就走的旅行，可算得上是一個行動派。

幾天後，他風塵僕僕地回來了，說是去京都溜達了一圈，吃了很多美食，看了美麗的風景。只是剛過了一天，他就開始抱怨，因為出去玩了一週，積攢了很多工作，加班不說，還被老闆當眾訓了一頓。

Y說，他的生活又墜入了旅行前的狀態：乏味、單調、無聊。他說，要是能天天旅行就好了，旅行真的能讓人感到幸福。

然而，旅行的意義，並不僅僅是吃了美食，舌尖體會到的爽快，也不僅僅是看了美景，雙眼捕捉到的美好。這些都只是短暫的快感，一旦旅行結束，又會墜入空虛和孤獨，而且身心俱疲，只能寄望於下一次旅行，透過這些短暫的刺激來拯救幸福感的匱乏和心靈的孤苦無依。

真正的旅行，應該能夠增長見聞，豐富自己的內心，認識大自然的萬般美好，感受旅途中美好的人、事、風景、情懷。這才是旅行真正的意義，也才是旅行饋贈的幸福。

我見過太多的人，都寄望於用旅行來驅逐生活的單調和乏味。誠然，旅行能給生活添加一些色彩，能讓我們的生活得到一些改變，但是如果把旅行當成驅逐生活空虛乏味的特效藥，就會陷入一種無止境的莫比烏斯帶（只有一個表面和一條邊界的環）閉環中，從而只能選擇頻繁旅行，並把旅行中獲得的短暫歡愉和快感當成生活的幸福感。

對於沒有情調的人而言，旅行再多也遇不到詩和遠方，最多只相當於做了一趟郵差的活兒。

所以，我對那些頻繁旅行的人，並非全部欣賞和支持。因為有些人把旅行的日子當成了生活來過，而把真正平凡的日子當成了地獄來過。所謂的旅行，實則是逃避無趣的生活。然而真正無趣的，不是生活而是自己。

我對聚餐喝酒是有些抗拒的，尤其是那些場面浩大的群體性聚會。很多人把聚餐喝酒當成一種尋找幸福感的方式，因此會不斷地捕獵同道中人。在捕獵的過程中，美其名曰交心談感情，實際上只是獵人和獵物的關係。一旦捕獵成功，就會聚成團體，在酒精、打屁之中體驗所謂的幸福感和存在感。

真正有意義的聚餐，人不需太多，三、四知己便好，喝酒小酌即可，不逼不敬，以茶代酒也無妨。在大腦清醒的狀態下，品嚐一下美食，談談近期的生活、彼此對生活的態度以及對未來的暢想。

而那些酩酊大醉後的所謂交心，實際上只是一場眾人參演的鬧劇，都在等著看誰是那個最精彩的丑角：有臉紅脖子粗的，有粗鄙言語不止的，有嘔吐污穢之物的。在這樣的狀況下言談幸福感，恐怕只是酒喝多了嘔吐的時候，一瞬間噴湧而出的暢快淋漓的快感吧！

所以，對於聚餐，我是能推就推，不能推也使勁推。這樣雖然顯得人情涼薄，不過好在自己舒心。人活著，不就求個自己快活嗎？

年輕的時候，我也曾豪飲過，也曾聽人言喝酒是為了人脈，是為了以後更好的發展。然而體檢的時候才發現，我已經把自己喝成了脂肪肝，而且胃也不好了。

況且當年和我喝酒的那些人，我已經記不清了，想必，他們也早已忘了我這個毛頭小子，又或者根本就未曾記住過我。畢竟不對等的地位，酒喝再多也沒用。

聚餐喝酒只是酒精麻痺下的神經興奮，或許能有短暫的快感，但是酒精過後，留給自己的只有空虛、疲憊和殘破的身體。而這一切不堪的後果，則留給了最親最愛的人：他們要換洗你嘔吐的污穢之物，照顧你因酒而病的身體。甚至這一切都和幸福感無關，也注定和幸福無緣。

為什麼如今有這麼多人體驗不到生活的美好，卻是認為只有擁有很多錢，生活才能幸福？**我想最主要的一個原因，就是弄混了快感和幸福感。**

快感，確實需要金錢，而且成本不低。

就拿朋友Y的旅行來說吧，他這次出門一共花了三萬四千多臺幣，然而僅在旅行的五天中體驗到了快感，上班後第一天就不幸福了。這樣就很容易計算出朋友Y的快感成本：快感成本＝34000元（臺幣）／120小時＝283元（臺幣）／小時。

經由簡單計算，如果整整一年十二個月都想體驗到這種快感，就需要大約二百四十萬臺幣。朋友Y是工薪階層，一年收入也就大約三十萬臺幣，這還沒扣除吃喝穿戴的花費。有些人把喝酒、購物、買奢侈品、豪華旅遊當成了幸福感的源泉，那計算下來成本得有多高。

如果幸福需要透過如此奢侈才能得到，那就說明唯有特別有錢的人才配得上幸福。而我們這些沒錢的普通人，則只能偶爾透過這些刺激性的消費來獲取短暫的幸福，然後一生中大多數時間都要不幸福地活著，是這樣嗎？顯然，這樣想的人根本沒有理解幸福感的含義，而是錯把一種刺激性的短暫快感當成了幸福感。

智慧不夠，就會把生活過得麻木且蒼白，於是往往需要依靠刺激性的外在力量，讓麻木的身心興奮起來。其實那些刺激性的體驗，只是讓你的生活多了一些變化，距離幸福還差得很遠。如果一個人沒有感受幸福的智慧和能力，那他也感受不到世間的美好，只能算是一名匆匆過客。

我們需要智慧，需要多讀書、多思考，更需要多和優秀的人相處。這樣我們才能培養發現幸福的能力，而不是粗淺、錯誤和愚昧地把快感當成幸福感。

我想，幸福大概就是這個樣子。

幸福，在柴米油鹽中，也在晚霞細雨中。

幸福，就是你投入時間和精力，做著自己喜歡做的事情。

幸福，就是你站在陽臺上，看著寶貝女兒背著書包回頭向你揮手。

幸福，就是許久沒有回家的你，吃了一碗媽媽做的麵條。

幸福，就是心愛的人，和你風雨相伴。

幸福，根本無須花費心思尋找，天上的白雲、地上的野花、清新的空氣、明媚的陽光、愛人的臉龐、孩子的笑容……都是幸福。幸福感，其實就是將內心豐富的感受，淺吟低唱地融入我們對待世界的認識中。

你若不夠智慧，錯把快感當幸福感，付出的成本會讓你不堪重負，你的生活也注定會暗無天日、悲苦不堪。你若智慧有餘，就會發現，幸福無須成本，就在我們平凡的生活中，隨時可見，隨時可感。

因此，我們要追求細水長流的幸福感，而不是短暫刺激的快感。

07

沒有天賦，
你也照樣可以擁有才華

我一直想做個有才華的人，一來是為了滿足俗氣卻又揮之不去的虛榮心，二來是為了寄情於一件事情上，聊以抵禦長期的孤獨，慰藉有生。

我主動接近飛哥，就如同蛾子的趨光性，正是被他的才華所吸引，最終我們成了好友。飛哥，寫得一手好字。曾經我也有涉獵，買來筆墨紙硯寫了兩週後，發現自己的字沒有什麼長進，仍舊奇醜無比，於是便放棄了。所以我對會寫毛筆字的人，向來很崇拜。

之所以想結識飛哥，是因為偶然去他宿舍看見了牆上他寫的一幅字：有才華的人，本身就會發光，在什麼地方都會很耀眼，並不需要刻意張揚。我羨慕飛哥字寫得好，並說他有天賦。飛哥卻不承認，還說自己三年前字寫得也很醜，後來經過練習，才發現寫毛筆字其實沒有想像的那麼難。每天練習一個小時，三個月後就能初見成效；若是練上一、二年，就會被身邊的人讚美為有才華的人。正如飛哥所說：**不去努力的人，才會叫囂天賦很重要；而肯努力的人，會發現即使沒有天賦也照樣可以獲得才華**。

我的一個初中同學結婚，主持婚禮的司儀是他的大學室友。我參加過不少婚禮，也認為聘請來的專業司儀主持的套路和臺詞都大同小異。而那位室友的主持風格獨樹一幟，語言機智幽默，讓人耳目一新，也把親朋好友都逗得哈哈大笑。

典禮結束後，有幸能和司儀同桌吃飯，我們幾個人就對他的主持天賦表示讚賞。他這個大學室友說：「以前，我面對很多人的時候，說話總是結巴，為了改掉這個毛病，我就長期練習演講、參加辯論賽。有一次同學結婚，我就主動請纓，說可以免費當司儀，最終效果很好。自主持完那場婚禮之後，我在朋友圈就有點名氣了，但凡同學朋友結婚，只要我有時間，他們都會邀請我當司儀。」

有點才華其實並不難，花一些功夫，付出一些努力，就可以實現。正如前文所言，我同學的這位大學室友所展現的才華，曾經還是他的短處，似乎他在語言上根本沒有天賦。但如今這個短處卻成了他的才華，憑藉的就是用心和努力。

正如雷諾茲所言：假如你有天賦，勤奮會使它變得更有價值；假如你沒有天賦，勤奮可以彌補它的不足。

很多人都把天賦當成才華的必要條件，認為必須具備天賦才能修練才華。還有一些人把天賦當成了才華的充分必要條件，認為只要擁有天賦就會自然而然具備才華。其實，才華是天賦最終的展現形式。如果沒有後天努力，天賦就不能成長為可以展示的才華，而只是蜷縮在體內的初級天賦，最終也只會悄無聲息或者曇花一現。

「仲永之通悟，受之天也。其受之天也，賢於材人遠矣。卒之為眾人，則其受於人者不至也。」這是王安石在〈傷仲永〉中寫的話，大意就是方仲永的通達聰慧，是先天就有的。他的天賦，比一般有才能的人要優秀得多。但最終之所以會淪為一個平凡的人，是因為他後天所受的教育還沒有達到所願。彭端淑在《白鶴堂文集》中也曾言：「聰與敏，可恃而不可恃也。」這說的也是相近的意思，即告誡人們不要過分倚仗自己的天賦，要明白勤奮也很重要。

當一個人努力達到一定程度想更進一步的時候，天賦的重要性可能就體現出來了。但是對於大多數人而言，我們所需要的才華只是笑納愉悅自己、體味美好生活的一種手段，遠未達到要比拼天賦的程度。

我舉個並不算太恰當的例子。之所以會舉這個例子，是因為這個例子發生在我自己身上，感受深刻些。

我學習葫蘆絲（簫），僅僅練習了不到一個月就學會了認識簡譜，而且會吹一些簡單的歌謠。然而就是這點技能，被周圍人知道後，都紛紛讚美我是個有才華的人，在音樂方面有天賦。其實他們是沒有聽過我唱歌，我唱歌時調子能跑出地球。當然，我在ＫＴＶ一般是不會開口的。

我真的沒想到，學習葫蘆絲竟然彌補了我在音樂上的短處，還贏得了一個「有點音樂才華」的名頭。雖不是實至名歸，但是也夠我高興好久了。回家我便拿著葫蘆絲在外甥女面前吹奏一曲，從她那瞪大的眼睛中可以看出她對我這個舅舅的崇拜。我就是用這點才華，成功讓外甥女視我為偶像的。

有人說，才華就像懷孕，時間久了才能看出來。其實，根本不需要太長的時間，一萬小時理論說明只要付出一萬小時就能成為一個領域的專家。當然，我也可能並不想成為專家，就好比我沒有想過要成為一個葫蘆絲演奏家一樣，只是想愉悅自己而已。

沒人願意做一個平庸之人，所以我們得有點才華。花點時間，學一學烘焙，做點愛心小蛋糕和小餅乾，讓自己的孩子感受到媽媽的愛，也給生活增添一些樂趣；學一學插花，將自己的家裝點得漂漂亮亮，讓它變得更溫暖；學一學茶藝，泡一壺工夫茶，與家人一起品茗聊天，過過愜意的生活；學一學攝影，拍出美美的照片，留住難忘的瞬間，待老了以後可以翻看著回憶過往。這些才華其實用不了多長時間就可學會，甚至成為一技之長和被周圍人稱讚的東西。

為什麼我們總是羨慕他人的才華，而不讓自己成為一個有才華的人呢？其實更多時候，只要你去做就會發現，天賦只是錦上添花，即使沒有天賦，我們也會遇見一個有才華的自己。

第四部

自省，認清自己更認清世界

別太把 EQ 當回事

01

在生活中，人們愈來愈頻繁地提到「ＥＱ」這個詞。「高ＥＱ」已經取代了誠信、聰明、忠厚等優良特質，成為對一個人的褒獎；「低ＥＱ」也已取代了狡猾、市儈、愚蠢等缺點，成為對一個人的低評價。也就是說，個人的評價標準被「ＥＱ」壟斷了。

經常關注社群媒體的人都不難發現，凡是關於「提高ＥＱ」的文章都很走俏，也很容易成為流量最多的文章。如此多的人熱衷於閱讀「提高ＥＱ」的文章，可見他們對自己的ＥＱ並沒有自信，當然，這並不代表這部分讀者的ＥＱ就比寫關於「提高ＥＱ」文章的作者低。

我也曾瘋狂地閱讀關於「提高ＥＱ」的文章，原因是我覺得自己ＥＱ不高，想讓自己變得愈來愈好。然而最後我還是放棄了做一個高ＥＱ的人。因為我發現，無論我如何努力，都做不到做事讓很多人舒服，也做不到會說好聽的話。當我試圖強迫自己，讓自己看起來ＥＱ高的時候，我渾身就會感覺不舒服。

有位讀者私訊我，說他覺得自己ＥＱ低，讓我給他推薦幾本關於「提高ＥＱ」的書。這件事足以說明，關於ＥＱ的言論和文章愈多，就愈容易給大眾造成自我「ＥＱ餘額」不足的假像，使大眾陷入一種恐慌之中。因為大家都不想被貼上「ＥＱ低」的標籤，「ＥＱ低」似乎比「智商低」更讓人避之不及、更讓人心驚膽戰，於是大家都努力地用盡各種辦法讓自己看起來ＥＱ高。

除了一些作者的推波助瀾之外，關於ＥＱ的討論在生活中也是司空見慣，那麼問題就來了：為什麼大家如此熱衷於談論ＥＱ，而不熱衷於談論智商呢？為什麼在生活中，大眾在評價一個人的時候，喜歡用ＥＱ來作為標準，而不採用其他的評判標準呢？

漸漸地我發現，一個人無論在工作中多麼能幹、業務能力多麼強，一旦被人貼上「ＥＱ低」的標籤，那麼再多的優點也會化為烏有。一個人無論多麼帥氣十足，多麼膚白貌美，多麼有錢有顏，也總會被人用「ＥＱ低」來將這一切優點輕而易舉地一筆抹殺。由此可見，「ＥＱ低」這個標籤，是溫柔的一刀，具有很強的殺傷力，能夠毫不費力地將一個人的很多優點抹殺掉。

我不喜歡談論ＥＱ，一來是因為我深知自己ＥＱ低，所以不想自揭傷疤；二來是因為我發現有一些被他人貼上「ＥＱ低」標籤的人，ＥＱ反而很高，在交流的時候會讓人感覺很舒服。根本就沒有ＥＱ低的人，只是別人不想對你用ＥＱ而已。這句話不嚴謹，有些絕對，卻說明了一個問題：ＥＱ具有個體差異性。

ＥＱ的個體差異性具體表現在兩個方面：第一個方面是，對於不同的人，人們會採取不同的社交方式。就我而言，對於我喜歡的人、有趣的人、能給我提供幫助的人，我會透支自己所有的「ＥＱ餘額」；對於我不喜歡的人，我就會半點耐心都沒有。第二個方面是，不同人的感受不一樣，有些人比較敏感，有些人比較遲鈍。所以同一種行為落在不同人的心裡，就會形成不同的主觀感受，進而形成不同的EQ評價。

用EQ評價一個人，帶有很強的個人情感色彩。我們經常聽到一些人說某個人「EQ低」，卻很少聽到一些人評價某個人「EQ高」。因為評價一個人「EQ高」的時候，就說明自己EQ比較低；而評價一個人「EQ低」的時候，自己就站在了「EQ高」的位置上。

就統計學而言，必然存在嚴格意義上低EQ的人，這種人被大多數人（甚至和他接觸過的所有人）定義為「EQ低」，那麼這個人基本上就可以被判定為「EQ低」了。除了這種嚴格意義上的低EQ外，我認為大多數人的「EQ餘額」都在及格線以上，足以應對日常的生活和交際。真正意義上的EQ高手是不存在的，所以不要過分注重「EQ」這件事情。

ＥＱ是一個被模糊化了的概念，儘管丹尼爾．高曼曾經對ＥＱ下過定義，但是「ＥＱ」這個詞在學術上的定義和在現實生活中被人們廣泛接受的定義是不同的。現在普遍接受的關於高ＥＱ的定義是：讓人舒服。那麼問題就來了：別人為什麼要讓你舒服？為什麼要說你喜歡聽的話？你是否有資格享受別人的「高ＥＱ服務」？

我一直都覺得大家把ＥＱ太當回事了，甚至導致一些人認為自己的不成功是因為自己ＥＱ低。其實大多數時候，你之所以沒有成功，不僅僅是因為缺少ＥＱ，可能還缺少誠信、善良等其他特質。所以不要用「ＥＱ低」來為自己的不成功辯護。據說牛頓就是一個ＥＱ特別低的人，他幾乎沒有朋友，而且脾氣特別差。但是牛頓卻能受到很多人的尊重，就是因為他的智商彌補了ＥＱ的不足，反之ＥＱ卻難以彌補智商的不足。

既然提到了智商，那麼我們就來說說智商和ＥＱ的區別。

為什麼現在很少有人用「智商高」或者「智商低」來評價一個人，而是愈來愈常用「EQ高」和「EQ低」來評價一個人。

就我的感覺而言（當然你也可以認為是以小人之心度君子之腹），人們之所以會用EQ來評判一個人，是因為不夠相信自己的智商，或者大多數人認為別人比自己智商高、比自己帥、比自己顏值高，而且比自己有錢。面對這種什麼都比自己高一等的人，唯一能拿出的武器就是EQ了，反正EQ這個東西看不見、摸不著，怎麼說都有道理。你有顏、有錢、有智商怎麼了，我就說你「EQ低」，只要你「EQ低」，我就能找到優越感。

我想說，EQ真的不是一件重要的事情。一旦你有錢、有顏、有智商，那麼EQ低點（可能並不是真正意義上的低，只是面對那些你瞧不上的人懶於提供「高EQ」服務）也不會影響到什麼。**如果你什麼都沒有，卻天天八面玲瓏，並嚴格要求自己做到讓每一個和你接觸的人都能享受到「尊貴服務」，那麼你會活得很**

累。落在別人的眼裡也不是什麼「高EQ」，而只是一個善於察言觀色的世故者罷了。

我承認真的存在EQ差距，但是自認為EQ高的人，其實也只不過比那些EQ低的人高那麼一點點而已。我認為，智商在一定程度上決定了EQ的上限。當然，此話只是我的個人意見而已，並沒有得到證實。

那些所謂的EQ大師在生活中也未必能得到每一個人的喜歡，同樣有被人罵的時候。而許多很厲害的人都非常容易被人貼上「EQ低」的標籤，但他們對此毫不關心。只有一些不怎麼優秀的人才過分關注EQ這件事，因為他們覺得提高「EQ」比提高「智商」容易一點。而且更多時候，他們會認為自帶「高EQ」光環，因此可以用「EQ低」這個標籤去秒殺一切他們不喜歡的人。

我想說的是，其實EQ真沒什麼好談的，只要以自己舒服的方式活著，遵循一定的行為規範即可。和人交往的時候，自己舒服了，對方也就舒服了，自己彆扭和虛偽，對方也很難感受到你的「高ＥＱ」。不要再相信和迷戀什麼提高ＥＱ的法寶了，因為你的ＥＱ並不低。

假性親密關係是關係的最優解

02

什麼是假性親密關係？如果關係是假的，為什麼又說它是最優的？下面講一個能同時回答這兩個問題的故事。

以前寫網路小說的時候，讀者群組裡有位女性讀者，說她十分不願意回家。從小父母離異，她和母親生活在一起，母親經常打罵她。後來母親改嫁，生了弟弟，全家人對她更是視而不見，就像對待透明人一樣，對她的心靈造成了很嚴重的創傷。

她高中畢業就出來打工了，對那個家沒有多少感情，也不喜歡她的母親。過年的時候，周遭的人都回家了，她心裡也渴望家的溫暖，總覺得不回家看看不太對勁。可是小時候，母親把她自己婚姻的不幸都發洩在她身上，經常打罵她，可以說母女兩個人基本上沒有什麼真正的交流。所以，每次回家她都感覺特別彆扭、十分痛苦。

面對這種情況，是勸她「斷捨離」，眼不見、心不煩，就當沒有那個家、沒有那個母親，自己過好就行了，還是勸她不計前嫌，母親再怎麼不好，畢竟也生養了她，還是要原諒母親，和母親和解呢？

作為局外人，無論我們支持哪一個觀點，都能說出一大堆的理由，並且說得鏗鏘有力。這是因為事情沒發生在自己身上。

經過權衡，她最後做出了選擇，那就是過年的時候，她和其他人一樣回家，給母親買衣服、買保健品。而母親見她回來，也表現得很熱情。其實只有她心裡明白，母女兩個人只是表面應付著。

在外人看來，女兒過年回來看望母親，還大包小包地拎了很多東西，絕對是一幅母慈女孝的畫面。可是只有她心裡清楚，她們母女只有行為上的親近，並沒有從內心深處交流過。而這種關係，就屬於「假性親密關係」。如果下個準確定義，則可以表述為：假性親密關係指的是透過形式上的在一起，來迴避真正的在一起。

這名讀者和母親的相處方式，其實也不失為一種好方法。

我們無法說服這位讀者原諒她的母親，因為母親對她造成的傷害太大，如果硬要讓她原諒母親，就是一種道德綁架了。畢竟離異家庭所帶來的傷害，沒有親身經歷過的人是很難感同身受的。但是這個讀者心中對於母親還是感恩的，她也渴望有一個家，渴望有母親陪伴。

她們母女二人目前建立起來的這種「假性親密關係」，可以說是她們之間最好的相處方式。雖然這是一種妥協和折衷，但在目前來看是最優的答案。當然，我也希望她們母女有一天能夠真正和解，但是心靈創傷的癒合需要時間，急不來。

這個故事說明，維持這種「假性親密關係」具有現實意義，在一定條件下似乎是一種最好的相處方式。這裡之所以用「似乎」這個詞，是為了顯得理性和客觀一些。因為在沒有找到其他更好的相處方式之前，假性親密關係是兩人相處的唯一最優解。

暫時拋開這個真實的例子，我們從思維的角度來分析戀愛這回事。

戀人之間的假性親密關係，究竟是身在迷局中不自知，還是自知而不說穿，抑或對於這種關係駕輕就熟因而三緘其口呢？作為外人，我們就不得而知了。

我說的是外人不得而知，並不意味著當局者就很清楚。

戀愛的時候可以感受一下，你是期望兩人用行為上的多次互動來營造出一種很親密的關係，還是更期望兩人從靈魂上深入交流以達到真正意義上的親密。這種自省的方法，對於判斷和理解兩個人的感情或許具有一定的意義。

當然，行為上的親密關係是靈魂上深入交流的基礎和前提。但是如果兩個人的親密關係，一直體現在形式上（吃飯和睡覺等）的在一起而沒有深層次的交流，那麼兩個人的感情就有待進一步發展了。

為了得到更普適性的結論，下面我們討論一下日常行為。

我們就以大學室友和單位同事為例，因為同在一個屋簷下，整日低頭不見抬頭見，發生矛盾直接撕破臉肯定不太好。而聰明的人，這時候就會營造出一種假性親密關係，以便讓日常氣氛看起來其樂融融。

假性親密關係就是一群人在表演，大家同時又是觀眾，只要演員演得好，觀眾不揭穿，如此相處下去也會相安無事，因此不失為一種好的方式。

我並不是要批判這種假性親密關係，反而採取支持態度。畢竟一個人的精力是有限的，不可能和所有的人都建立「真性親密關係」。此時，這種「假性親密關係」就是一種最好的形式了。

其實討論到這個程度，我覺得「假」和「真」已經沒有多大意義了，只要相處舒服就是一種真實的親密關係，不存在真假一說。「假性親密關係」只是學術上的一種定義，在現實中沒有多大意義。

通篇都在分辨「真」、「假」，結尾又說分辨「真」、「假」無意義，似乎我寫了一堆廢話。但是不是廢話，你自有判斷。

03 不去理會那些沒用的冷嘲熱諷

收到讀者來信，說他想學習英語，可是周邊的同學對他冷嘲熱諷。所以他很鬱悶，問我該怎麼辦。這個問題其實具有很強的普遍性，我以前也遇到過。想當初我寫網路小說，也有人讓我別折騰了，還說一個理工科的人折騰不出什麼名堂來。

你有沒有發現一個很奇特的現象：當你上網、蹺課、不寫作業的時候，沒有一個人來說你；而當你去圖書館學習的時候，周圍就會出現各種聲音。有時候我們會不解，周遭這些對我們冷嘲熱諷的人或者說是朋友，到底出於什麼心理，怎麼能這樣對我們呢？於是我們會產生一種想疏遠他們的想法，但是又怕疏遠後失去了朋友，從而陷入一種迷惘和焦慮，糾結不已。

真正比你優秀的人，根本沒有時間理會你；那些潑你冷水的人，都是不如你的人。

你有沒有發現，當你打算學英語的時候，那些扯你後腿、潑你冷水、給你各種負能量的人，基本上都是英語學渣。而那些真正在學校考托福、考多益的英語大神，根本沒有時間來搭理你，更不會說學英語沒用之類的喪氣話。

因為這些大神級的人物，已經在學英語的道路上走了很遠，並且嘗到了一些甜頭。他們在學習英語的路上，都是靠著自己的毅力和堅持才取得了好成績，所以他們會理解你，即便不鼓勵你，也不會潑你冷水。相反地，那些天天說學英語沒用的，一般都是學習成績不如你的人。

潑你冷水的人已經和你不在同一個水平上了，你追求的夢想和世界，他們根本就不懂。

他們都認為英語並不重要。因為在他們的眼中，不學英語也能找到工作，幹嘛還要拼死拼活去學習那玩意兒。

他們不知道，在你的心裡：

你想去外商，想和外國人交流自如；

你想考翻譯證照，閒暇時間可以做一些翻譯的工作；

你想學好英語，以後可以教自己的孩子，哪怕是出國旅行也便利……

總之，你有很多很多的夢想都和英語有關，而那些潑你冷水的人是想不到這些的，他們已經被你甩開十萬八千里。

你的世界，他們不懂。

有些人，一發覺你有風吹草動，就會立刻站出來對你開炮。比如，你剛剛去操場跑了五圈回來，他們馬上就會說：「就你那三十二腰，你以為跑上幾圈就能變成二十八腰？」你剛剛看了一會兒書，他們就會跳出來說：「就你那成績，你以為你看一會兒書就能變成學霸？」

總之，不管你幹什麼，他們都會蹦出來，對你進行各種攻擊。其實，你完全不用搭理他們。他們就是閒得無聊，生活過得頹廢無趣，只能把目光集中在你身上。所以你一努力，就為他們創造了聊天話題，他們就開始議論你、打擊你。因為只有這樣，他們才能找到存在感。

你做什麼是你自己的事情，和他們沒有半毛錢關係。

當你努力學習英語和健身的時候，如果被優秀的人撞見，他們可能會說一句：「加油，我看好你！」給你一點鼓勵，讓你感受到一些正能量。但是，如果被那些閒得發慌的人看見，他們可能就會說：「學英語有啥用，人醜健身也是白搭。」

瞬間，就會讓你負能量爆棚。

所以，千萬別理會這種人，能離多遠就離多遠。因為他們不但自己不上進，還傳播負能量。嫉妒心是人性之弱點，也是人之常情。可以說除了父母，很少有人真心為你喝彩。每個人都有嫉妒心，只不過有強有弱而已。當你試圖變好的時候，並不是所有的人都希望你變好。這一點應該很容易理解，因為嫉妒心是普遍存在的。

一旦努力了，你就會變得更優秀，而你的父母肯定會真心為你感到驕傲。當然，你的幾個真心的朋友也會祝福你。除此之外，就很少會有人真心希望你變好。尤其那些嫉妒心強又不肯努力追趕你的人，會使用各種手段讓你放棄努力，因為這樣他們才會寬心。

掂清自己
在別人心中的分量

04

先說一件事情，一件我做過的最打臉的事情。

曾經有一個很厲害的作者給我寫的一篇文章留言，該作者是我心目中的 Superhero（超級英雄）。我一直都想和他成為朋友，但是礙於自己初出茅廬，寫作時間又短，所以一直都是默默仰望著他。當突然發現這位作者居然給我的文章留言時，瞬間我就激動得不能自已，於是當下給這個作者發去了一大段熱情洋溢的文字，表達了自己的各種崇拜。然而，他並沒有再回覆我。

這位作者的態度讓我瞬間尷尬不已，我感覺很受打擊，小心肝碎得一塌糊塗。事後仔細思量了一下，他之所以給我的文章留言，可能僅僅是欣賞這篇文章而已，並沒有上升到想和我成為朋友的程度。而我卻不識趣，以為別人透過一篇文章就能看到我豐富的內涵和深邃的靈魂，吃了閉門羹自然是情理之中的事。在這件事情上，我犯的最大錯誤就是沒有掂清自己在大神作者心中的分量。

事實上，**人際交往方面最高的技巧就是能準確衡量自己在對方心中的分量，然後做出與之相應的行為。**

再舉一個例子。一對情侶鬧矛盾，女孩生氣說分手，而男生馬上說分手就分手。女孩瞬間呆住了，其實她本身並不想分手，只是想以此為要脅來爭取一些自己想要的東西。沒想到，男孩卻讓她「夢想成真」了。造成這個局面，即便是男孩在氣頭上口不擇言，也至少能說明一點，那就是這個女孩在男孩心中的位置並沒有她認為的那麼重要。既然這個女孩本身不想分手，那她就不該說分手的話，最多耍耍性子、撅撅嘴巴，做出與自己在對方心中地位相符的舉動，我想才是明智的。但是顯然很多時候，戀愛中的兩個人往往都會過分高估自己在對方心中的地位。

一個人之所以高估自己在對方心中的分量，最重要的原因就是容易把別人的附和當成是對自己的認可，把別人的套路當成是對自己的禮遇，把別人的客套當成是對自己的敬重。然後就造成了自我感覺良好，錯誤地認為自己在對方心中占據了重要位置的假像。

同樣的話，放在不同交情的人那裡，就會產生兩種不同的結果。

再舉一個例子。如果有人對你勸酒時說：「你不喝這一杯酒，我們就不是朋友。」你會做出什麼樣的反應？

如果是關係特別鐵的哥們兒跟你說這句話，你可能會一飲而盡（當然大多數情況下，鐵哥們兒是不會逼你喝酒的，除非你做了什麼不得不喝的事情）。如果是一個和你沒有多少交情的人跟你說這句話，你肯定在心中碎碎念：我和你認識才幾天，我憑什麼要喝你的酒，你值得我犧牲健康嗎？

你在對方心中的位置，是和你能給對方提供的價值相對應的。當然這種價值必須是對方需要的，而不是你一廂情願的。如果這種價值具有稀缺性甚至唯一性，那麼你在對方心中的位置無疑會重要許多。

我認為，人際交往的核心是勢均力敵的價值互換。當然也不要狹隘地把價值理解為金錢，價值互換是多元的，包括情感互換、資訊互換和知識互換等。無法交往的兩個人，本質上就無法產生對等的價值互換。

有時候，我們會陷入一種困境，不知道自己是否能和他人產生聯繫，比如和對方成為朋友、知己、合作夥伴等。其中的一個判斷原則就是，自己是否能夠滿足對方的價值需要以及能滿足到什麼程度。

我看過一篇文章，說的是作者的一個初中同學某一天給作者打電話，說她來到了作者所在的城市，讓作者開車去火車站接一下，再安排一下住宿，並且讓作者陪她在這個城市玩上幾天。這個作者直接給了二個字：沒空。然後，這個初中同學就開始在同學圈說作者ＥＱ低，不顧老同學情分。

作者解釋道，自己和這個初中同學已有十幾年沒聯繫過。而且曾經有一次，她想讓這個同學幫忙辦點事，這個同學卻推三阻四。所以這一次，她堅決不去接待這個同學。

十幾年沒有聯繫過，且不說上初中時兩個人是否真正有深厚的情誼，當時別人請你幫忙，你推三阻四，而你遇到事情的時候又去找別人，這不是自己打自己的臉嗎。這個作者能夠忠於內心的選擇，而不是擔心自己名聲受損，根本原因就是她足夠智慧，而且有能力，所以才有足夠的自信去拒絕。

人際交往的前提，就是看自己是否具備對方需求的價值。如果不具備，就不要試圖討好了，否則只能自討沒趣。如果具備對方需要的價值，就要準確地估計這種價值的分量，不要高估，也不要低估，最後據此做出合適的交際行為。

05 報喜不報憂也是對父母孝順的一種方式

在公車上，聽到一個男孩給家裡打電話。

「媽，我發燒了，全身不舒服，喉嚨也痛，我想請假回家。」電話那端說的是什麼我聽不見，緊接著就聽到這個十八、九歲的大男孩不停地向母親抱怨大學宿舍不好、餐廳飯不好吃、生病了沒有人照顧自己……

這一幕，讓我想起了同學小斌。小斌喜歡打籃球。一天下午，他打球的時候不小心摔倒了，導致腳踝骨裂。在我們送他去醫院的路上，他的手機響了，是他媽媽打來的。

「媽，我在學校挺好的，剛運動完，正準備和同學出去吃頓好的。」

掛了電話，我們都能看到他頭上青筋暴起、臉色煞白。但是剛才和媽媽通電話的時候，他的聲音很平靜，聽不出一點兒痛苦。從進了醫院打上石膏，到最後拆石膏，小斌的家人根本就不知道他受了傷。

後來我們問小斌：「為什麼不告訴家裡自己受傷呢？」

小斌說：「我媽太膽小了，她要是知道我扭傷了腳，還去醫院打了石膏，她肯定要來學校看我。從我家到我們學校得坐一晚上的火車，她身體本來就不好，這樣的話太折騰了。」

之所以選擇報喜不報憂，是因為我們不想讓父母操心，這是我們認為的最好的孝道。因此在外面遇到困難，我們要咬牙堅持，給家裡帶去「一切都好」的消息。

我的作者朋友小菲，是一個堅強的姑娘。她初中沒有畢業，在家裡待了兩年就去深圳打工了。她說最苦的就是剛到深圳的時候，被人騙了身上僅有的幾百塊錢，還被扣了身分證。那個時候，她在深圳舉目無親，又沒有手機可聯繫家人，整個人驚慌失措。

最後遇到一名員警，才將自己的身分證拿了回來。但是她不想回家，因為她來深圳的目的就是打工賺錢。她有個讀書成績很好的弟弟，她要供他上大學。後來，小菲就在深圳找了一家工廠做起了計件工。所謂計件工，就是按件計酬，做得愈多，薪資愈高。

小菲說，初到深圳的幾年是她最辛苦的時候，沒有多餘的錢，沒有親人，沒有朋友，一個人漂泊在那裡，就連生病也要一個人坐車、排隊、掛號、打點滴……在工廠受到委屈的時候，她想號啕大哭，卻又怕哭聲驚動了工友，於是她就把頭蒙在被子裡嗚嗚地哭。有時候她在睡夢中也哭，醒來才發現枕頭濕了一片。早晨鬧鐘響起，她又從床上爬起來，收拾好自己，重新帶著笑容走進工廠，開始拼命地工作。

小菲說，在親戚朋友的眼中，自己是一個很堅強的姑娘。其實她心裡清楚，所謂的堅強、懂事、不給家裡添麻煩，不過是因為從小就知道沒有人替她負重前行，一切都得靠她自己。

朋友小顧說，他當年找工作的時候，簡歷直接被一家公司扔在了地上。而當父母問他工作找得如何的時候，他還笑著說自己拿了好幾個 offer（錄取通知）來安慰父母。

小顧說，他的父母沒有廣闊的人脈關係，也沒有雄厚的經濟基礎。在我們前進的道路上，他們沒有辦法幫我們的人生做出規劃和指導，唯一能做的就是叮囑我們在外面要做個善良的人。在父母樸實的意識中，只有做個善良的人才能得來善報。

小顧念的不是名校，讀的也不是熱門科系，因此找工作的時候遇到了很多困難。但是他一直咬牙堅持，每當父母問起，他都說有好幾家公司準備錄取自己，他還在比較和挑選。

小顧說，他找工作的時候很絕望、很痛苦，一想到家裡花了錢供自己上大學，自己卻找不到工作，就感到壓力特別大，但是還得假裝堅強。其實，**世界上哪有那麼多刀槍不入的靈魂，不過是一邊流淚一邊還不忘奔跑罷了**。

受傷後，不告訴父母、朋友，而是獨自默默地舔拭傷口，同時還裝作一切都好的樣子，讓所有關心我們的人一點也察覺不到我們已疼得在流眼淚。

那些在外面承受了痛苦、絕望和委屈，卻把希望、陽光和笑聲傳遞給家裡的孩子，都是最應該被溫柔以待的人。

那些在外漂泊的孩子，默默承受了很多委屈和壓力，但是因為愛自己的父母，所以總是報喜不報憂。

擁有懂得報喜不報憂的孩子，是父母的福氣。

「做事」之前，要先「懂事」

06

感覺自己愈來愈像一個木偶，被許多線頭牽引著，而這些線頭就是各種事情。這些事情有消耗心神的大事，如工作和生活上的難題；還有雞毛蒜皮的小事，如取個快遞、發個email等。

生活，就是由這些大事和小事組成的。這些事情填充了時間，但是也常常讓我們迷失。我們不禁會問自己：為什麼要這麼累？為什麼要做這麼多事情？難道這一輩子就該奔波辛苦嗎？

人剛出生的時候，除了吃就是睡。上了小學，多了上課、寫作業和跟小夥伴玩耍。上了大學事情就變得更多了，要處理同學關係，參加各種社團，找實習機關……畢業後進了工作部門，事情就更複雜了，要賺錢養家，要照顧年邁的父母、年幼的孩子，要關注工作上的事情和人情往來……

面對如此多的事情，我們要先「懂事」，再「做事」。

首先，我們要區分喜歡做的事情和必須做的事情。人活在這個世界上，有兩件事情要做：一件是自己喜歡做的事情，比如吃美食、睡覺和娛樂；另一件則是自己必須做的事情，比如工作和照顧父母、子女。大多數時候，我們喜歡做的事情和必須做的事情是不同的。

喜歡做的事情，是我們身處這個社會討好自己的依靠；必須做的事情，是我們身處這個社會應當肩負的責任。這兩件事情構成了我們豐富的人生，也占據了我們人生的大部分時間。

嗷嗷待哺的孩子，半夜吵鬧得讓我們睡不好覺；生病的父母，讓我們在家和醫院之間辛勞奔波，心力交瘁；無理的甲方，讓我們不得不費盡力氣討好……這些事情都不是我們喜歡做的，卻是我們必須要去妥善處理的。必須做的事情是我們在這個社會上立足的根本，即使不喜歡也要去做。

不要奢望人生中所有的事情都是自己喜歡做的，這是不切實際的，畢竟還有一些責任和義務是我們必須要去勇敢面對的。

從現在起，**丟棄那些無效且無意義的事情，留出足夠的時間和精力將必須做的事情做好**。

一旦我們發現自己一整天的時間都被各種事情占據了，以致沒有時間給父母打個電話、沒有時間陪孩子去遊樂園、沒有時間參加家長會，甚至沒有時間陪情人吃飯，這個時候就該停下來認真思考我們都做了哪些無效且無意義的事情。

一些人看起來很忙，忙得沒有時間靜下來好好看一本書、沒有時間陪孩子畫畫、沒有時間陪父母說說話。其實有時候並不是真的很忙，而是因為把太多的時間浪費在了無意義的事情上，比如上網打電動、看連續劇、和朋友喝酒……這些事情都不是我們必須做的，不去做也不會影響我們的生活。

所以我們要精簡社交，把時間和精力用在刀刃上，去做我們生命中必須做的事情。因為做必須做的事情，能給我們帶來愛的回饋，從而讓我們感受到生活的美好。

陪孩子畫畫，能感受到孩子的成長和進步，增進和孩子之間的感情；陪父母說說話，能讓父母感受到溫暖，不再寂寞和孤單；陪愛人散散步，能讓彼此感受到溫情；讀一本營養豐富的書，能讓我們感受到精神的滿足……做這些事情都能讓我們感受到溫暖和生活的美好，而做那些無意義的事情除了能讓我們感受到短暫的興奮之外，對我們根本沒有愛的回饋。

先做自己必須做的事情，再做自己喜歡做的事情。

我喜歡寫文字，但是寫文字沒有讓我賺到錢，至少目前沒錢可賺，所以我必須上班。上班能解決我的一日三餐，能讓我居有定所，能養家餬口，所以我必須努力做好這件事。上班時，要加班、熬夜，要解決很多難題，要查閱很多資料，儘管有時候會讓人很煩，但是仍要努力做好工作中的每一件事情，因為這是必須做的。

只有將工作做好了，我才能利用閒暇時間看書和寫文章。於是我精簡了很多無效社交，也很少去看連續劇，而是把時間都用在了寫文章上。

如今愈來愈多的人想要追求詩和遠方，但是很多人根本沒有這個能力。因為他們連必須做的事情都沒有做好，所以所謂的詩和遠方對他們來說只是鏡中花和水中月。

有一些人，想去周遊世界，想吃遍世界的美食，想看盡世間的風景，想瀟灑無比地生活，卻根本沒有意識到自己是否積攢了足夠的錢為父母養老，是否有足夠的金錢可以辭職旅行而不怕家中無米。

當我們還不能依靠自己喜歡做的事情賺錢養家的時候，就得把喜歡做的事情排在後面，把必須做的事情排在前面，千萬不能顛倒順序。

如果不知道自己喜歡做什麼事情，那就去做自己最擅長和最賺錢的事情。

一些人不清楚自己到底喜歡做什麼事情，因而感到迷惘。有一位讀者因為不喜歡目前的工作而辭職了，但是又不知道自己究竟喜歡做什麼，所以深感困惑。

如果不知道自己最喜歡做什麼事情，那就去做自己最擅長和最賺錢的事情。因為最擅長的事情容易做出成績，能讓你得到回饋；最賺錢的事情則最有可能發展為你最喜歡的事情，能給你動力。

有些人喜歡畫畫，有些人喜歡攝影……還有一些人沒有特別明確的興趣。對於沒有特別喜好的人，首先要做的事情就是跟自己本科系有關的事情。因為本科系的事情是自己最為熟悉和精通的，因而容易上手，可以得到別人的認可。

錢是俗物，但是能給人帶來快樂，比如有讀者給我的文章讚賞一塊錢，我都會很高興；錢也能解決很多實際問題，如果有合法的賺錢路子，那麼就不要錯過。在賺錢的過程中，不僅能夠得到滿足感，而且能夠讓自己和家人過上更好的生活，何樂而不為呢？

生活中，我們會有很多事情要做。在決定做事之前，希望我總結的以上四點對大家能有所幫助。

第五部

愛情不只需要等待，更需要去追

01 自癒力，是我們抵禦傷害的盔甲

下班回家，從捷運出來就聽到了號啕的哭聲。

聽聲音，是個女孩。借著橙黃色的路燈，我看到女孩淚眼婆娑，妝容都花了。這個在電影中才會出現的橋段，竟然讓我遇見了。女孩抱著電話邊哭邊說話，哽咽得話不成句。她在說自己和男朋友分手的事，而電話的另一端應該是閨蜜。

這個情景撞開了我記憶的大門，引我想起飛哥失戀時的模樣。那個時候，飛哥喝了很多酒，吐了自己一身，像個瘋子一樣又臭又髒。因為被甩，飛哥鬱鬱寡歡了半年，以致考試有兩科不及格。

在感情中受過傷的人，一定都折磨過自己。一個人在下著滂沱大雨的夜晚，不撐傘地走在熟悉又陌生的路上，熟悉是因為路還是那條路，陌生是因為身邊沒了那個撐傘的人。於是任憑雨水和眼淚混在一起，就像個在深夜裡遊蕩的靈魂。或是一個人蜷縮在屋子的角落，雙手抱膝，目光呆滯，不吃不喝，使勁呼吸，想尋回那個熟悉的味道，盼回滿腦子裝的那個人。

有些人注定是忘不了的，時間再長也無濟於事。因為那個人已經深入你的腦海，雖不見、不念，但是一杯奶茶、一個身影、甚至一種味道，關於他的一切記憶就會如洪決堤。

即使忘不掉，也不要折磨自己，不如帶著跟他有關的記憶奔跑，途中吹過的風會將關於他的記憶吹散、吹淡。於是跑著跑著，在某一個地方，會有一個人朝你微笑，將你的心重新填滿。

失落、絕望、掙扎……每個人都會遇到，但是誰能夠快速復甦，重燃激情，提起勇氣，奮力前行，誰才是最後的贏家，才能觸摸到幸福。

我認識一個重考兩年才考上大學的學長。學長說，對很多人而言，考上這個學校都會不甘心，因為他們認為自己還能上更好的學校。可對他而言，能考上這個學校已經很幸運了。

學長是在農村上的高中，那所高中每年只有二、三個學生可以考過大學錄取分數標準。很多沒有考上大學的同學，要嘛出去打工了，要嘛選擇了一所能上的專科學校。

由於他們的英語老師程度有限，考上大學之後，他的英語成績特別差，英檢考試考了四次都沒有通過。幸運的是，這名學長很順利地考上了研究所，如今任職於一家科研院所，工作出色，生活幸福。

一次又一次的失敗，很容易讓人產生挫敗感，從而傷痕累累。這位學長一定也曾痛苦過、掙扎過，他那麼刻苦努力，考了三年才考上大學，他那麼拼盡全力，考了五次才通過英檢考試。但是他能在每次失敗後很快地整裝再出發，靠的就是超強的自癒力。

能力決定了你奔跑的速度，而自癒力決定了你奔跑途中滯留的時間。

如果一個人具備超強的自癒力，即能在很短的時間內恢復信心、撫平傷口，從跌倒的地方爬起來，對過去報以微笑，然後拼盡全力，哪怕能力稍有不及，也不會落後太多。那些能力很強，但自癒力差的人，陷入痛苦後往往會難以自拔，從而白白浪費掉時間。

在奮力前行的路上，我們都是普通人，都有一顆柔軟的心，受傷在所難免。

但是有些人受傷後，不會在原地停留太久，也不會花太多的時間自怨自艾，因為他們清楚，前方有更好的風景、有更好的人在等待自己。

遇到挫折便一蹶不振、黯然神傷的人，永遠也得不到掌聲和鮮花。一定要記住，跌倒後沒有人能拉你，除非你自己爬起來。

你愈弱，這個世界就愈會對你肆意踐踏；你愈強，這個世界就愈會對你溫柔以待。

請記住，抱怨是解決不了任何問題的。抱怨的時候，不但靈魂黯淡無光，樣貌也會醜陋無比。

每個人都有傷口，如果毫無保留地展示，只會成為別人茶餘飯後的聊天話題。而且他們談論的時候，要嘛是出於同情，要嘛是出於玩笑，想必無論哪樣你都不會喜歡吧。

你看見一個小孩，他咧著嘴哈哈笑。但你不知道的是，他剛才跌倒還哭了一鼻子，可是很快就不哭了，因為他看到了更美好的東西。

未來要遠比過去有意思，我們應該一直對其動情不已。受傷後整日沉浸在悲傷中，只會讓傷口感染、化膿，甚至腥臭不已，以致每個人都遠遠地躲著你。只有咬牙前行，你才會發現那些本以為痛苦不堪的傷能夠漸漸癒合，而且跑得愈快，癒合得就愈快。努力奔跑，不沉溺於過去和傷痛之中，就是自癒力的體現。

自癒力，是我們抵禦傷害的盔甲。

世界上哪來那麼多刀槍不入的靈魂，只不過是自備了盔甲而已。

愛情裡，不依賴、不攀附

02

在某大型相親節目中，男來賓述及上一段感情時常會說到一句：「她太黏人了。」

可能有人會說：「戀愛中的兩個人，如果不發生一點兒關聯，那和一個人有什麼區別呢？一個姑娘黏著你，不就是喜歡你嗎？而且她愈黏你，就代表愈愛你，愈離不開你。」但是，男來賓認為女朋友太黏人了，是一種束縛，會讓自己感到不自在，時間長了容易產生衝突，導致最終分手。

當然，不是只有女人黏人，也有很多黏人的男人讓人受不了。

愛情，是兩個成年人之間的事情。過分黏人，只會給對方造成壓力。黏人的本質是依賴，依賴具有索取性。而戀愛中需要的是依戀，錯把依賴當依戀，是導致愛情發生悲劇的重要原因之一。當然，這並不是說愛情中不能存在依賴，適度依賴反而是增進感情的一種有效方式。

從本質上來說，過分依賴別人是人格的不健全和不完整。

剛出生的時候，我們根本離不開父母的照顧。慢慢長大後，即使父母不在身邊，我們也可以自行尋找吃的來填飽肚子，但此時還沒有形成完整的自我認知。

初中的時候開始叛逆，這是自我意識的覺醒，因為我們渴望獨立，不希望父母及老師約束和管教我們。其實一個人長大的過程，正是自我獨立的過程，包括行為的獨立和思維的獨立。

高中、大學的時候，我們不但能夠自己照顧自己的生活，同時也能夠獨立思考，遇到問題能夠提出自己的觀點和看法，此時人格趨於完整。

戀愛中的兩個人，當一個人表現出過分依賴對方的時候，就表明這個人的人格不夠健全，沒有形成獨立的思想。

我聽過一個極端的故事。一個年輕人和一個女孩子戀愛了。從此女孩一天給年輕人打二十多通電話，可是每通根本都沒有什麼重要的事情。最後年輕人忍受不了，便和這個女孩分手了。

任何一種長久且穩定的關係，其實都是對等的價值交換，包括情感和物質價值。而過分依賴，則導致了不對等的價值交換。

在戀愛過程中，無論是情感依賴還是物質依賴，都是依賴者向被依賴者進行索取。而這種索取不僅是指物質索取，更重要的是指情感索取。

可以說，情感不對等是戀愛關係中的最大殺手。一個人對另一個人付出了很多感情，而另一個人卻愛上了別人。這種情感付出沒有得到回報，就是不對等的價值交換，有可能會由愛生恨。

談戀愛本身是一種情感的互動，如果一方思想不成熟，無法提供給對方對等的精神交流，那麼在這段情感關係中他只能扮演「幼稚的一方」。

一個人依賴另一個人，本身就是一種索取行為。當然，索取行為的發生並不代表具有索取意識，即不能說依賴方具有目的性，而只是在人格不完整的前提下的一種自發行為，因而不應受到道德和人品上的批判。當一段感情呈現出一種索取狀態，被索取的一方又無法得到及時有效的回饋時，過不了多久這段感情必將無法持續下去。

經濟獨立，是感情和諧與婚姻健康的前提。無論男女，都一定要有自己的工作。為了家庭放棄自己事業的做法是不值得提倡的，尤其在當今這個社會。當一個女人把目光聚焦在家中，滿心都是孩子和丈夫的時候，她的生活就會失去色彩。而一旦她對家庭的付出沒有得到期望的回饋，那麼她整個人就會失去情感寄託，進而遭受嚴重打擊。

在現實生活中，很多女人結婚後都會放棄自己的事業，成為家庭主婦，漸漸地和丈夫的交流愈來愈少，最終導致感情不和甚至破裂。究其原因，主要是家庭主婦的人生老是圍繞著廚房、老人、小孩、菜市場打轉，無法和丈夫進行深層次的情感交流。

依戀是對伴侶的美好期待，是一種深層次的交流和溝通，更是一種惺惺相惜。在感情的世界裡，不依賴、不攀附、不討好才能獲得高品質的愛情和婚姻。

她不過來，你就過去

03

某日，我收到了喬的結婚請柬。喬是我的大學室友，他的未婚妻是我們的系花。聽說許多位多年不見的老同學都要去喝喬的喜酒，我也特意趕去了喬所在的城市。

喬穿著筆挺的西裝，繫著領帶，相較於幾年前在大學時的樣子，有了很大的變化。看來，愛情也能讓男人變帥。他老婆不愧是系花，化上精緻的妝容後和明星差不多。

酒席一共有兩桌，一桌是我們這幫好哥們兒，另一桌是他老婆的閨蜜。我們都是老同學，所以說起話來也沒有什麼顧忌。

「喬，快說說你是怎麼追到我們系花的？」我也是單身，所以想知道他到底用了什麼手段將一個系花追到手。

說實在話，喬不高，也不帥，而且成績一般。他的老婆名叫媛，追求者很多，就連幾個高年級的學長也虎視眈眈。但在眾多優秀的追求者中，她最終選擇了平凡的喬，這跌破了我們所有人的眼鏡。

喬笑著說：「寫情書、送飲料是追女生寶典，能做的我都做了。」

不過，我們都不相信。

「你一定沒有把最重要的說出來，因為寫情書、送飲料是很多人追女生都會做的事情呀！」

媛的閨蜜也開始起哄。「媛，喬是怎麼追到妳的？我們相信妳說的。」

這時候，喬的老婆依偎在喬的身邊，甜蜜地笑著，慢慢地說：「喬一天給我寫一封情書，大學寫了四年。找工作的時候，他悄悄地選擇了我所在的城市。上班後，我依然每天都能收到他的情書。」

這時，喬笑著說道：「有時候寫不出來，我就去百度抄情詩。」

「你是被他的情書所打動的？」媛的閨蜜問道。

「起初，我也沒想到會和他在一起。上學時，他每天給我寫情書；工作之後，他每天下午都在我們公司樓下等我，然後我們一起吃飯、一起散步。漸漸地，我感覺我和他靠近了許多。終於有一天，我發現我的心已經依偎在他的懷裡了。」媛一臉幸福地說。

我們這幾個單身狗，被喬和他老婆的幸福所打動。喬追了六年，才終於和媛牽手了，我們深深地祝福他們。

酒席快要結束的時候，喬舉起酒杯對著我們幾個單身狗說道：「兄弟們，如果喜歡一個人，就大膽去追，哪怕你和她之間隔著千山、隔著萬水，但只要每天都爬一點、蹚一點，並且堅持下去，總有一天能翻過山、蹚過河，和自己喜歡的人在一起。」

我認識一個典型的ＩＴ男——小超，他的人生格言就是：ＩＴ男，要女朋友做什麼？

小超是個工作狂，他幾乎把所有的時間都花在了電腦上，可以說是個愛情的絕緣體。出乎我意料的是，去年六月分我接到了他的電話，他說他要結婚了。我連忙恭喜，之後就表示納悶：「你不是說ＩＴ男不需要女人嗎？」

小超羞赧地一笑：「我老婆追我追得太緊了，一不小心發現有個女人也蠻好的。」

聽他說，當時他們在一棟辦公大樓工作，但不屬於同一家公司，兩個人在電梯裡經常會遇到。後來有一次和他見面時，我問他：「你老婆是怎麼追你的？」

「我在公司加班的時候，她每天晚上都會送來夜宵，有時還會給我熬湯送過來。」

「你好幸福，竟然有女生主動追求。」我用羨慕又嫉妒帶點恨意的口吻說。

「是啊，我部門的同事都說我走狗屎運了。我當時也覺得不可思議，後來我問我老婆，你猜她怎麼說？」

我搖了搖頭。

「我老婆說，她知道我是個宅男工程師，想讓我主動追她比登天還難，所以她只好主動追我了。她還說，她並不覺得女生追男生有什麼不妥，愛情不能老等著，總要有一個人主動靠過來。」

有人說，他和她之間相距一百步，只要她肯先跨出一步，他就願意走完剩下的九十九步。而我要說的是，你連九十九步都肯走，還在乎多走一步嗎？

如果你真的愛她，那麼讓她靜靜地在百步之外等著，你獨自走完一百步又何妨？在愛情中，她不過來你就過去，就這麼簡單。愛情，就是要主動靠近。

不想主動靠近，都是因為愛得不夠深。

別等了，她就在那裡，你主動走過去又有什麼大不了呢？

相互仰望，便是婚姻最好的視角

04

結婚一定是奔向幸福去的，這是婚姻能夠發生的前提。

結婚前，我們各自為王；結婚後，我們執子之手享受婚姻帶給我們的無限快樂。

而現實中，有些人對自己婚姻生活的認知卻是迷惘不已且手足無措。產生這種現象的原因，是因他們既不滿足自己的婚姻狀態，又缺少逃離的勇氣，同時對逐漸消逝的愛情感到不知所措，從而產生了深深的無力感和絕望感。

走入婚姻的人，都曾揣度和想像其他人的婚姻，試圖獲取樣本進行比較，以便得出自己的婚姻幸福與否的結論。

而大多數人得到的結論都是：世界上所有的婚姻大抵也

就是自家這個樣子，無論怎麼努力終究都是愛情的墳墓，所以就湊合著過吧。

當做好足夠的心理準備之後，婚姻中的男女便開始了得過且過的日子，於是婚姻的主旋律便只圍繞著孩子展開。如果孩子不在場，兩個人就各自以手機作為戀人，完全退化到「搭伙過日子」的相處模式。

然而這個世界上，一定有人正過著你想要的婚姻生活。

大多數人都是不願意承認這個結論的，因為他們不認為世界上存在理想的婚姻模式，而且一旦承認這個結論，就意味著自己的婚姻是徹頭徹尾失敗的。

誠然，完全理想化的婚姻確實不存在。但是相對美好的婚姻一定是存在的，並且有很多人正在享受著。那麼，身處婚姻中的我們，如何才能擁有理想的婚姻，如何自救並做婚姻的擺渡人。

小陌在群組裡發了一張鮮花的照片。有人打趣道：「小陌，今天是什麼日子呀？老公還送妳花了。」

「這可不是老公送我的，而是我要送給老公的。」小陌說。

小陌的老公是一位大學講師，小陌在每學期的第一節課都會去聽她老公的課。小陌說，老公畢業後，第一次上講臺有點緊張，她就準備了一束鮮花去聽課，結果老公講得很好。下課鈴響的時候，她情不自禁地鼓掌，然後整個班級的學生都跟著鼓掌。小陌的老公在掌聲中接過她送上的鮮花，頓時熱淚盈眶、滿目柔情。

小陌的老公在週末上選修課的時候，小陌就會安靜地坐在教室後，聽老公講課。小陌說，看著老公在臺上侃侃而談、自信儒雅的樣子，就覺得他很帥氣，愈來愈愛他。

小陌喜歡寫文字，她老公就會認真讀她寫的文章，而且還會在朋友圈分享，讚美她寫得好。小陌在老公的鼓勵下，一直堅持寫作。

在婚姻生活中，只有彼此欣賞和讚美，才能相互包容和體諒。

最美的掌聲，一定是來自心愛的人。學會讚美對方任何一個閃光的舉動，是幸福婚姻的真諦。小陌和他老公相互鼓勵、相互按讚，小日子過得有滋有味。**為愛人鼓掌，就是最美的情話。**

我看過一個婚姻調解類的節目。一對夫妻一上臺就開始吵架。主持人和點評嘉賓經過輪番詢問，終於弄清楚了兩個人吵架的根本原因：互相嫌棄。

丈夫對妻子的評價是：我的老婆是個只會打麻將、做飯超級難吃的中年婦女。妻子對丈夫的評價是：我的丈夫是個不求上進、沒有事業心、不會賺錢的窩囊廢。兩個人看向對方的眼神中透著掩藏不住的鄙夷。

無論這個節目中的故事是否真實，都說明了一個問題：當處於婚姻中的兩個人在對方身上看不到一絲優點的時候，婚姻就開始出現問題了。

我認為，沒有人會喜歡一個毫無吸引力的人。你得一直努力，並且拉著對方的手一起向前走，才能擁有長久和幸福的婚姻，才能與對方勢均力敵。

勢均力敵，並不是說夫妻兩個人各自為政、互不服氣，而是說結婚前，這兩個人都活得很精彩，結婚後，也能體驗生兒育女、相扶到老的幸福。所以，你要成為一個讓你的愛人抬起頭、滿目含情地看著你的人。

婚姻要想獲得持久的幸福，就得讓對方一遍又一遍地愛上自己。

那麼，如何才能讓一個人一遍又一遍地愛上自己？**唯一的方法，就是保持飛翔的姿態，努力成為最好的自己，讓對方看自己的時候，能夠眼中有光、動情**

不已。

我欣賞那些結婚之後舉止、談吐、衣著品味都嚴格要求自己的人，因為他們並沒有把婚姻當成一種保障、當成最後的目的地而放棄了追求。

有些男人，結婚之後便開始酗酒、抽煙、不思進取；有些女人，結婚之後便不再閱讀，不再為事業奮鬥，整日沉浸在雞毛蒜皮的小事中。婚姻沒有讓他們變得更好，反而是走下坡了。

成功的婚姻，一定是夫妻二人既忙事業，也忙家庭，始終牽手保持向上的姿態。彼此仰望，相互欣賞，永遠吸引，才是愛情的保鮮劑。

好的婚姻，需要工匠精神

05

婚姻不是「一錘子」買賣，也不是挑一個看起來不錯的人結婚就能「一勞永逸」。只有把婚姻當成一件藝術品，用工匠精神去雕琢，如此才能幸福。

下班後點開網路平臺帳戶，看到了一則讀者留言。

「男朋友向我求婚，我不知道該不該答應，很是糾結。」

這是一個老讀者，於是我用心回覆了她。

「你們認識多久了？」

「四年。」

「四年時間很長了，妳怎麼還糾結？」我不解地問。

「因為我不能完全放心，怕結婚後他不愛我了。」

「是不是他對妳不夠好？」

「他對我很好，可是我就怕萬一結婚後他變心了。」

現實生活中，這樣的情況屢見不鮮。

戀愛許多年還不敢結婚的人，不但證明了他對婚姻很慎重，也證明了他對婚姻的「賭博心」很重。因為在他眼中，婚姻就是一場賭博，他害怕結婚後對方不愛自己了，其實就是怕自己賭輸了，所以遲遲不敢做決定。

我曾寫過一篇名為〈正因為是小事，所以才要離婚〉的文章，裡面提到了一個觀點：有些人在戀愛期間，對雙方很包容、很有耐心、很有愛心，簡直可以說是完美至極。而結婚後，彼此「原形畢露」。這是因為他們把戀愛期間的磨合理解成了隱忍，認為只要忍讓到領了結婚證書就會萬事大吉。

很多人都抱怨，結婚後對方變了，變得沒有那麼愛自己了。戀愛時，對伴侶可謂各種示好和關懷；而結婚後則是大走樣，不送花了，也不噓寒問暖了。

在漫長的婚姻生活中，如果不好好延續和經營戀愛期間積累的感情，那麼早晚都會被消耗殆盡。一旦彼此的「感恩心」被消磨完，婚姻就會出現危機。

為什麼我們這代人的離婚率這麼高，而父輩的感情卻相對穩定？一些人可能會說，父輩的感情都是基於「湊合」，且迫於時代的壓力，即便不愛了，也不敢離婚，因為怕被人說三道四。這樣的解釋，的確有一定的道理。

但是在我看來，父輩的感情並不完全是「湊合」，他們有著真實、可以感受到和看到的愛。跟現代年輕人戀愛期間愛得死去活來、離婚時變成仇人相比，他們的愛要美好得多。

在我家，一定要等到父親先吃第一碗飯，母親才會讓我吃。父親血糖高，吃東西有很多忌口，所以母親每天都會用各種蔬菜變著花樣做不同的菜色，儘量讓父親吃得舒心。從許多小事中，我都能看到父母之間的感情。雖然他們教育程度不是很高，也不善於表達愛意，但是他們的愛是實實在在的。父輩的婚姻可能不是以愛情開頭，卻是以愛情結尾。

工匠打磨一件藝術品，費時費力，十分辛苦。在外人看來，一定會很勞心，需要忍受寂寞和孤獨。在工匠看來，卻是一種享受，沉醉在創造藝術品的整個過程中。

父輩的感情之所以會如此牢固，就是因為他們用工匠精神去經營婚姻，全心全意地付出，體會彼此的善意和愛意，日久生情，相扶到老。

在婚姻生活中，我們會遇到很多事情。孩子的教育問題，父母的贍養問題，人情的往來問題，這些瑣碎的事情不是戀愛期間的你儂我儂可以招架。

愛情可以天高任鳥飛，可以陽春白雪，但婚姻就是實實在在的東西。要想讓愛情不致淹沒在生活的瑣碎中，就需要用智慧來維繫婚姻。而婚姻的智慧，就是工匠精神。

工匠在製作一件藝術品的時候，會遭遇挫折、失敗，但是他們會本著不屈不撓的精神，用心把一塊頑石雕琢成美玉。

婚姻生活中如果缺少工匠精神，彼此就會把這些挫折當作是老天的不公，或者是對方的錯誤，從而陷入無休止的抱怨中。時間久了，整個人身上就會散發負能量，臉上就會寫滿滄桑。

好的婚姻，一定需要雙方拚盡全力，而拼盡全力肯定會累。如果把婚姻當成一件藝術品，拼盡全力雖然辛苦，但是內心會陽光明媚。

可愛聰慧的孩子，健康長壽的父母，乾淨整潔的房間，這些是婚姻贈予的美好事物。愛情的世界裡只有兩個人，婚姻卻衍生了太多的東西，因此要體驗和享受這些美好，就需要付出努力。

不要把婚姻當成一場賭博，用自己的幸福做賭注，而是要本著工匠精神，用真誠和付出、包容和諒解去雕琢和善待婚姻中的人和事，從而把自己的婚姻打造成一件藝術品。

沒有所謂注定的幸福婚姻，只有夫妻攜手用盡全力維護和經營的美滿婚姻。

第六部

其實，夢想才是最好的信仰

01

夢想，就是去過自己想過的生活

每個人都有過做夢的年紀，有些人拼盡一生去追求心中的夢想；而有些人的夢想卻被生活漸漸地消磨殆盡，最後連自己都忘了自己曾經的夢想。第一種人，用一生的時間去奮鬥，去努力實現夢想，無疑是最幸福的人；第二種人，忘記了自己的夢想，過著平平淡淡的生活，其實也挺好。

還有一種人，心中非常清楚自己想要的生活，卻因為各式各樣的原因，沒有實現自己的夢想，過著不舒心的生活，而且堅持過了一生。這樣的人，無疑是最痛苦的。

我們村有一個人，我叫他哥，但他年紀比我大二十多歲，現在已經五十多歲了，是三個孩子的爸爸。當年為了考大學，他連續考了三年也沒考上，最後就在村子裡種田了。其實，種田也沒什麼不好，祖祖輩輩都耕耘在土地上，日子過得平淡安寧。

哥知道我上了大學，就拉著我說東說西。言語之中充滿了不甘心，為自己當年沒有堅持考下去而感到後悔。眉眼之間，任誰都能看得出他很遺憾。他後悔自己為什麼沒有堅持再考一年，如果堅持下去說不定就考上了。聽得我的心一揪一揪的，一個五十多歲的人還念念不忘當年的聯考。

他的事讓我明白，夢想並不完全是個美好的東西。如果它沒有實現，就會變得猙獰起來，如同肉中刺、眼中釘，時不時會去撓你的心，折磨得你不得安寧。

他心裡充滿了對大學生活的憧憬和嚮往，對躬耕黃土地的不甘心和失望。雖然幾十年的歲月已經過去，但是他並沒有忘記對大學夢想的追求，而且隨著這個夢想在心底醞釀的時間愈長，發酵得愈發厲害。

哥說，當年他考第三次的時候，家裡的經濟已經不足以支持他在縣城求學了。於是，他告訴自己這是最後一次機會，如果再考不上就回家種田，從此不再做大學夢。

然而命運並沒有眷顧他，第三次仍舊沒有考上。他回到家，放下了筆紙，拿起了鋤頭，和大多數的人一樣，在黃土中刨食。然後很快就娶了相距不遠村子的姑娘，那個姑娘只讀了二年小學，些許認識幾個字，而我哥是上過高中的，兩個人就這麼過起了日子。

現在，哥在村子裡也算是中上的條件了，家裡蓋起了二層樓房。加之本身帳算得清楚，在村頭開了一家柑仔店補貼家用。

他對我說，夢想只有實現了，才是美好的，沒有實現的夢想，會成為一輩子的遺憾，而且這種遺憾會隨著生活中的不如意被放大，直到將自己的內心填滿，最後形成頑疾，一直長在心臟的某個部位，一旦念想起來，就會隱隱作痛。

夢想，就是去過自己想過的生活。

我曾經寫過一篇關於夢想的文章，文中沒有寫夢想如何如何美好，也沒有寫自己為了夢想如何如何努力，更沒有寫自己如何透過奮鬥實現了夢想。文章不熱血，也不溫暖，正如有讀者留言，說看完這篇文章之後有驚悚的感覺。

驚悚感、恐懼感、不適感，是這篇文章所呈現出來的東西，也是我想表現的東西。只有經歷過撕裂的痛，才會有更為深入的思考。

我將自己那些掩埋在記憶中已經破碎的夢想撕裂開來，赤裸裸地呈現在讀者面前。破碎的夢想布滿了時間的塵埃，如今再次翻出來必定是不美好的，因為它已失去了雞湯文應該有的溫暖感。但是這篇文章引起了廣泛的討論和關注，我認為僅憑這一點就能說明這篇文章是有價值的。

我們這麼努力、這麼拚，不僅僅是為了夢想實現後的歡愉。

上大學的時候，我認識了一個英語系的女生。由於在同一個自習室複習考研究所的課程，每當遇上英語有看不懂的長難句和語法時，我都會請教她。漸漸地，大家就熟絡起來。

有一次，在學校碰到她，我們就一起去餐廳吃飯。可能是準備考研究所的時候大家都十分壓抑，她便沒什麼顧忌地對我講了她的一些事情。

她說，大一和大二時，她週六、日都會出去當家教，賺生活費。她還說，其實她家裡的情況還行，不用兼職也能供得起她上學，只是她感覺能幫家裡分擔一點也挺好。由於她每週六、日都要出去，所以宿舍姐妹們的逛街、看電影、聚餐她幾乎都沒參加過。她在宿舍裡，就好像是一個透明人。

她說自己有時候也感覺很孤獨，因為她的理想大學是北京外國語大學，但是當年聯考沒考上，所以她一直想彌補這個缺憾。為了實現這個理想，她幾乎把所有的時間都用在了念書上，每學期都能拿到一等獎學金。當宿舍的姐妹們還在為專四（英語專業四級考試）糾結的時候，她已經過了專八，而且輔修的第二外語法語也過了四級。為了這些考試，她沒有給自己留任何多餘的時間。沒有戀愛的時間，沒有逛街的時間，她覺得自己就是一臺機器。不僅如此，有時候她還會聽到一些人的冷嘲熱諷。晚上回到宿舍的時候，宿舍的姐妹們不是敷面膜，就是討論哪個牌子的化妝品好，她則是洗完臉戴上耳機聽BBC。大學三年，她和宿舍的人一直保持著一種近乎陌生的關係。

她說，她的內心非常渴望能和大家一起逛街，她還說，她也喜歡看電影，可是沒有時間。因為沒有時間，她和宿舍的姐妹們交流就很少，而且大家似乎也不太願意跟她說話。

我問：「妳大學裡這麼充實、這麼累，妳覺得值嗎？」

她笑了笑反問：「考研究所這麼辛苦，你覺得值嗎？」

我說：「能考上的話，就值了。」

她說：「考不考得上都值，我們這麼努力，在報考研究所的過程中收穫到的不只有知識，還有許多別人體會不到的東西。而且我堅信，我一定能考上的。」

我說：「就是感覺挺累的，宿舍的同學都在打電動了。」

她說：「確實有點累，不過為了能夠去理想的大學，為了能夠實現自己的夢想，再累也值得。在追求夢想的過程中，所有的辛苦、汗水、努力、心酸、孤獨、彷徨，在外人看起來都淒淒慘慘，但只有我們知道，這些東西才能給予我們成就感。」

有一次坐火車回家，鄰座是一個女生。我不善於和陌生人交流，所以一般也不會主動開口。可是，這個女生卻先開口了。她問我家是不是在陝西，我說是。她說她是來陝西旅行的，我猜也是。因為她的那個大背包簡直太大了，根本不像放暑假回家的學生。

這女生很熱情，於是我們兩個人就聊了起來。在和她聊天的過程中，我得知她才上大二，比我小好幾歲，但是思維和見識讓我佩服。

她說，她的背包裡面有睡袋、帳篷、小藥包……

她說，她去雲南的時候，住在當地一個大姐姐的家裡，那個大姐姐對她很好，還給她做了很多好吃的。

她還說，她寒假去了漠河，看了雪鄉的美景，那裡的雪能蓋到她的膝蓋……

她講得興奮，我聽得驚訝和羨慕，沒想到一個小姑娘竟然獨自去了那麼多地方。我問她：「在旅行的路上遇到過什麼困難嗎？」

她說：「太多了。」

有一次，被小偷偷了錢包，身無分文，後來在員警的幫助下才回了家。不過沒幾天，她又出發了。還有一次，爬山的時候蹭破了腿，血嘩嘩地流，幸好她帶了藥包。那些遭遇，在小女生的口中變成了傳奇和曲折。她講得很歡快，根本聽不出一點兒恐懼感。

我問她：「你一個小女生獨自旅行，就不害怕遇到壞人嗎？」

她說：「遇到的好人總比壞人多呀。我旅行就是為了遇見更多的人，為了看到更多的風景。再說了，我會走安全的路，有時候會和一些背包客結伴而行，所以是很安全的。」

她說她喜歡旅行，哪怕在旅行途中可能會遇到一些困難，但也不能因為這些困難就不出去呀。她說她的很多朋友同學都說要去旅行，但是最後都沒有去成。

在實現夢想的路途中，肯定有曲折、有失敗、有危險，但如果不去經歷，夢想就只會成為「夢」和「想」。

在追求夢想的路上，不是簡單的上下嘴皮一動，而是需要堅韌的毅力，正所謂繁華背後，盡是滄桑。

我的那個哥哥對我說，他這一生如果沒有對大學的念想，肯定會快樂地活一輩子。可是自從心中有了大學夢，他就再也放不下了。這個破碎的夢想，會伴隨他一輩子。如果有夢想，請一定要去實現。

他還告訴我，**人生最痛苦的事情，就是明明不喜歡現在的生活，卻偏偏堅持過了一生**。這樣的人是失敗的，也是痛苦的，更是不幸的。要想成為一個幸福的人，就要在能做夢的時候，用最大的努力去追求自己的夢想。千萬莫在生命的最後，只能說一句：我本可以……

我們還有大好的青春，因此應該全力追求夢想，說不定就實現了呢！

只要是夢想，再多也負擔得起

02

寫作七載，完成了差不多三百萬字，成為一名有一定影響力的作家，是我的夢想；所從事的專業，曾在校園精耕十載，現在依然堅持，成為一名卓越的工程師，也是我的夢想。這兩個夢想，就如同我的左手和右手，缺一不可。最近幾個月，我開始密集寫作，可以說幾乎每天都要寫一篇稿子。

身邊的人問我：「這麼拚命寫作，是不是很賺錢？」

讀者問我：「發表文章頻率這麼高，是不是職業作家？」

我想說，我只是業餘寫字人，現在還沒有收入，但以後可能會有。

說寫作不為賺錢，著實有點虛偽。我當然希望自己敲出來的文字能大紅，能讓自己名利雙收。賺錢的途徑有很多種，任何一種工作都能給我們帶來收益，而寫作是個極其耗費心力的職業，我之所以選擇它，是因為我喜歡它，它是我的夢想。

我曾經提出過關於夢想的話題，但是我又不能給出夢想的準確定義。我只知道，如果不寫作的話，我會不高興、不快樂、沒精神。手放在鍵盤上，就有打字的衝動，並幻想自己的文字印刷成書，在各個平臺熱賣，獲得讀者的喜愛，能給讀者一些啟發，這就是我對寫作的感受。如果很長時間不寫作，我就會有一種虛度光陰的感覺。

我現在從事的工作，是我養家餬口的依靠，也是我立足社會的根本。我的工作能解決我的溫飽問題，能滿足我基本的生活保障，所以我感謝自己現在從事的職業，也自豪自己有從事這個職業的能力。我深愛我所學的專業，並且我想要成為一個卓越的工程師，能夠在這個領域的發展史上留下一點東西。當然，這也是我在平凡的工作崗位上的追求和夢想。

正如開篇所言，寫作和工作是我的左手和右手，斷其一都不可以。我就是要腳踏兩條船，載我漂洋過海，結交喜愛文字的人，感受文字的美，傳遞文字的力量；體驗科學殿堂的美輪美奐，實踐工程落實的平凡和偉大。

有人可能會說，腳踏兩條船的夢想太貪婪了。我想說的是，我有腳踏兩條船的本錢。

自從開始寫作，我已經很久沒有和同事聚餐了，也很久沒有逛街購物了。週六、日是休息的日子，卻是我最忙碌的時候，因為我會看書，讀大量文章，給大腦強力輸入養分。

有人說，看書是身心在體驗歡愉感，是多麼美好的事情呀。我想說，看書確實是美好的體驗，但那是從讀者的角度而言。對於作者而言，閱讀並不是多麼輕鬆的體驗，因為看完一篇文章之後，還要分析其論點是不是無懈可擊、寫作框架是不是合理、起承轉合有沒有可以借鑒的技巧。一些精妙和富含哲理的句子也要記錄和背誦，作為寫作的知識儲備。

一篇優秀的文章，看一遍可能很快，但是分析起來花費的時間就很長了，其中有很多內容值得學習。

有些人可能看了很多文字，可就是寫不出東西來，或者寫出來的東西文不成文、句不成句。這一方面是寫得少，另一方面就是鑽研不夠。

有人說，一年看一百本書是聰明的人，一年只看一本書是有智慧的人。這句話是有道理的，任何一篇經典的文章都是值得多遍研究的，只有看透才能領悟其內涵。

夢想是美好的，但是實現夢想的過程真的不全是美好的，期間要放棄很多東西。寫作的艱辛正在於思考，因此一篇論證縝密的文章是要消耗許多心力才能完成的。我每寫完一篇文章，就會有一種虛脫感，大腦一片空白，也不想說話，因為傾訴欲已經化成文字送到了讀者那裡。

每天下班後，我都先要處理網路專欄的留言，一些是各個網路平臺編輯發來的授權請求，我得逐一回覆和處理。還有一些是讀者發來想和我探討或者讓我指點的問題，有詢問考研究所問題的，有詢問就業問題的，有詢問感情問題的，有諮詢人際關係問題的……讀者能留言詢問我問題，是對我莫大的信賴和支持。所以我告訴自己必須認真對待，每條留言我都會斟酌措辭，爭取以最健康、最有用、最快速的方式回覆讀者的問題。

等到這些事情處理完之後，我才能有時間寫文章。而一般情況下，我寫完一篇文章都已過淩晨，第二天還要去上班。所以我根本沒有多少時間去做別的事情，即使做也都是匆匆忙忙的。有人問拖延症怎麼治，我想說三個字：忙起來。

即使再忙，我也願意。因為我知道，光有夢想還不行，我必須對自己的夢想負責。

成為一個卓越的工程師，是我的夢想。

如果將自己專業領域的知識比作一座大廈的話，我曾經在這座大廈裡面溜達了十年，這十年時間，我也僅僅是粗略地溜達了一圈，然後選擇了其中一個房間細細觀摩，最後在這個房間的壁畫上添了小小的一筆。

我有一位師兄，我對他很是崇拜，於是就想辦法弄到了他的聯繫方式。現在他有什麼最新的論文，都會提前把樣稿發過來讓我先睹為快。他接受過一個著名網站的採訪，採訪的原因是他用五年時間解決了一個理論難題。

師兄說他在成果快出來的最後幾個月，所有時間都是在實驗室度過的。他曾經累到夢見自己吐血不止，還曾經被導師批為異類，因為他不按牌理「出牌」，他將所有的心思都花費在這個理論難題上，但畢業的時候也沒有解決。為了解決這個問題，念書期間他自修了許多數學系研究所和力學系研究所的課程。為了上這些課，他每週都會趕兩個小時的捷運去中科院。畢業後去了大學，又埋頭做了兩年。

五年之後，這個師兄獲得了一項研究成果。我個人認為，這是近年來指標性的研究成果。它不絢爛奪目，也沒有立什麼項目，更沒有課題支撐，到現在也未曾得到任何資助。這個研究不需要實驗，只需要紙和筆，現在他也在積極推行這個成果。一些新編的教材已經開始運用他的成果了，他感慨該領域的基礎教材中終於有了國人自己的理論。雖然這個師兄現在還未能成為專家院士，但是我相信，艱苦的努力和付出一定會換來相匹配的榮耀。

這個師兄的其他成果，也已經受到愈來愈多的人關注。因為他把工作當成了夢想來做，他說能留名教科書就已經很值了。

我沒有這位師兄的毅力，遇到一些基礎性理論難題會繞道而行。如今參加工作，我希望自己即便不能在基礎研究上做出什麼貢獻，也要在工程實踐領域做出一些成績，以便將來能夠成為一名卓越的工程師。

我正在努力，也一定會讓我的努力配得上我的夢想。

對於每個人而言，夢想都是偉大的。所以我不會嘲笑我的夢想，只會尊重我的夢想。如果沒有夢想，我不知道如行屍走肉般存在於這個世界上有什麼意義。

透過網路，我們知道世界各地每天都有奇蹟發生，也都有天才橫空出世。但是，我的身邊沒有奇蹟發生，也沒有天才橫空出世。

我用了十年時間鑽研我的專業，到現在仍舊是一名蝦兵蟹將，沒有取得大成果。我寫了七年文字，到現在仍舊是萬千寫手中最不起眼的一個，沒人認識我。但是我不著急，因為我知道我的夢想很偉大，偉大到我用了十年的時間都沒能實現。可是為了追求我的夢想，我會再付出十年，甚至二十年、三十年，因為我的夢想值這個價。

對於那些留言詢問夢想問題的讀者，我想說的是：不要做沒有夢想的人，因為這樣，你會沉溺在生活中，沒有方向，隨波逐流，而且時時會被生活拍打，找不到任何樂趣。

不要做有夢想但是稍微努力一下就放棄的人，因為這樣，你會庸庸碌碌一生，等到你離開人世的那一天，心中只會有不甘。

這個世界的夢想很多，每個人的夢想也很多，但是最後能開花、能結果的夢想卻很少。

關於夢想，腳踏兩條船不算什麼，腳踏十條船都可以，只要你的付出足以支撐起自己的夢想。

只要面朝詩和遠方，走哪條路都能春暖花開

03

一個女生給我發了訊息，姑且將她稱為柳丁小姐吧。

柳丁小姐是一個乾脆俐落的人，將早已寫好、長長的一篇問題給我發了過來，看完她的問題之後，我能夠深深體會到她心中的掙扎和糾結。作為我的讀者，柳丁小姐看了我寫的關於夢想的文章，所以她滿懷期望地給我發來問題尋求幫助。然而，我也無能為力。

在和柳丁小姐聊天的前一個小時，還有一個女生給我發來訊息，將這個女生稱為芒果小姐吧。

芒果小姐也是找我解決問題的，她的問題就容易得多，我沒用幾句話就解決了。芒果小姐正在準備考研究所，最近一點也不想看書，但是看到周圍的人都拚命念書，她就莫名

地心慌，甚至坐立不安。

芒果小姐的癥結是明確的，長時間的K書，讓她處在了疲憊期。

於是，我建議她放鬆一週，不想K就別K。這一週，看看電影、逛逛街，好好放鬆放鬆，之後再回歸念書。只要目標明確，暫時性的放鬆和休息，是為了更好地上路，更好地奔向詩和遠方。

而柳丁小姐就沒有這麼幸運了，她現在所做的事情與她的夢想可謂背道而馳。柳丁小姐的夢想是當一名設計師，開一間工作室。然而，她現在所念的是護理系。

她說讀護理系，是家裡人希望她以後去醫院，能有一份安穩的工作。柳丁小姐並不喜歡這樣的工作，她給我發了兩張照片過來。照片上是一個小書架，看得出來是宿舍的小書架。書架上除了她的專業書，還有很多本設計類的書。柳丁小姐說，她是認真的，已經自學了兩年設計。但是她知道，靠這點自學根本不足以支撐起她的設計師夢想，所以她想去更專業的大學念設計系。柳丁小姐說，她現在很痛苦，明明不喜歡這個科系，卻還得掙扎其中。

其實，每個人都有夢想，只是很多人迫於現實，將自己的夢想打包後藏在了心中一個很深很深的角落。還有一些人，將自己的夢想掐死後挫骨揚灰，然後淪落成一具沒有夢想的行屍走肉。

從聊天中，我能聽出柳丁小姐對自己夢想的熱愛。柳丁小姐說，她打算退學，重新參加聯考。柳丁小姐的想法，我曾經也有過，只不過是一瞬間而已，最終還是選擇了妥協。因為我知道，重來一次的風險太大。

柳丁小姐現在上大二，如果重新參加聯考，就會比同齡的人至少晚三年畢業。而且重新參加聯考，不一定就能考上理想的大學，也不一定就能考上自己喜歡的設計系。

有些時候，我們所做的事就是和心中的夢想背道而馳。有些人只顧埋頭趕路，從不敢回頭看距離自己愈來愈遠的詩和遠方，也不敢正視自己內心真正的想法。因為一旦回頭，就意味著不是從失敗中爬起來，而是從零開始。

這個世界上最厲害的人，不是從失敗中重新站起來的，而是選擇從零開始的。柳丁小姐有這樣的勇氣，讓我很佩服。

柳丁小姐把表妹的高中課本裝了滿滿一大箱帶到了學校，想複習重新參加聯考。但是家裡人反對，她就陷入了掙扎和糾結，這就是柳丁小姐找我的原因。其實我也能猜測出，柳丁小姐可能早已料到了結果，我根本給不了她任何有價值的意見。所以，我就坦白地告訴了她。

柳丁小姐很聰明，她說她將所有的可能性都考慮過了。她從一開始就沒有期望我能給她一個答案，只是想找我聊聊她的迷惘和困惑。

我之所以能解決芒果小姐的問題，是因為我曾經在準備考研究所的時候也遇到過這種情況。我知道如何去做最有效果，所以能給她最有效的建議。而柳丁小姐的問題，並不是一個簡單的問題，牽扯了太多的事。我沒有經歷過，周圍也沒有人經歷過，而且我對她本人也不瞭解，所以她的問題我解決不了。

我知道夢想對一個人的重要性，所以我不希望柳丁小姐迫於現實將自己的夢想扼殺。

柳丁小姐是選擇繼續一邊讀自己的本科系，一邊利用課餘時間自學，還是回去重新參加聯考，報考設計學系，我不敢幫她做決定，也沒有能力幫她做決定。

但是，我想說的是：追求夢想時，選擇任何一條道路都有風險，因為這個世界上並不存在直通夢想的指示燈，不然成功的路上早已經人滿為患，所有追逐夢想的人，都是一路摸爬滾打，所有成功的人，都是傷痕累累，只不過那些傷疤最後都成了成功後的勳章。

柳丁小姐只不過是想從我這裡尋求一個看起來更為穩妥的獲取成功的途徑，其實真正能夠掌握夢想成敗的還是自己。

無論是選擇重新參加聯考還是自學，並且最後能不能成為一個有名的設計師、能不能開一間工作室，都取決於你是不是肯為了這個理想而努力。很多念設計系的學生，最後也不是設計師；而那些有名的設計師，也不全是科班出身。

通向成功的路有很多條，而且看起來難走的路，往往走著走著就通了。只要肯努力，肯付出，沒有路也能硬踩出來一條路。

我認識的許多作者，好多都是上班之後才開始寫作。他們寫著寫著，發現有讀者喜歡，然後就堅持寫了下去，很多都已經出書了。我的一個師妹在讀研究所的時候，和我一樣學的是理工科，但是她努力學習英語，最終考到了專業的英語翻譯資格證書。

有夢想，就要朝著夢想的方向努力。只要肯下功夫，通向成功的路何止千萬條。對於夢想，我們要不忘初心，只要面朝詩和遠方，走哪條路都能春暖花開。

願你有勇氣和迷惘握手言和

04

最近這半年，我有很多次都從睡夢中驚醒，然後任憑漆黑夾雜著陰冷穿過被子灌入身體。每次都有一種說不清的感覺，讓我瞬間清醒，帶著一絲驚恐，環顧四周，然後再次入睡。我不知道這種突然的驚醒是因為什麼，也從未和其他人提起過。

人常說，三十而立。二〇一六年是一個標誌性的時間點，我三十歲。

我寫的那篇〈我才三十歲，我把自己殺死了！〉，是對三十歲的自己深刻反思後形成的文字。原以為經過那次反思，我能擺脫迷惘，能有明確的規劃，能對生活和人生有比較明確的認識，從而真正站起來。

然而，我還是很迷惘。

我獨自一人沿著河，一直走到縣城燈火的盡頭，看著河流綿延入山又折道回返。腳下是在散步，心中卻是在一遍遍地拷問自己。我不想迷惘地活在這個世界上，如同我認為一棵樹、一棵草，甚至一塊石頭，都應該有它存在於世的意義。

二十歲出頭的年紀，讓我總覺得自己還小，有著足夠的時間來揮霍。二十多歲是個美好的年紀，可以一個人自由自在地出遠門，可以去見自己想見的朋友，而父母也無須過多操心。

只是時間留給二十歲的並不多，我直到二十九歲也沒有認真地思考過生活，而是整日沉浸在自己的小世界裡。我不是一個善於分享的人，我會把這個世界回饋的善意和惡意都藏在心裡，要嘛艱難地吞咽下去，要嘛咀嚼後唾棄。相對於一些人，我對孤獨的體驗並不深刻。因為我一個人的時候可以看書或者寫字，並在腦海中構建屬於自己的領地。

在自己構建的領地上，我是自由的，也是快樂的，而且能駕馭自己的思想王國，所以並不覺得孤獨。對於迷惘，我卻無能為力，只能束手就擒。

選擇寫文章，是對自我拯救所做的一種努力。我開始梳理自己的生活，而每一篇文章都是我人生中的經歷和感受。我期望能在梳理自己生活的過程中認識到自己真正想要的東西，也試圖在這些過往的足跡中得到一些啟發，讓自己變得理性、智慧、勇敢和堅強起來。

過年回家，看到父親白髮蒼蒼，老了許多，心裡很不是滋味。父親每天三餐前都要打胰島素，每每注射時，我總是背過身去不忍心看。父親說，胰島素挺貴的。對於父親的身體，我的擔憂是無濟於事的。我一直都盼著自己能夠快點強大起來，能夠賺足夠多的錢，只有這樣才能讓父親好好休息。

在赤裸裸的生活面前，那些勵志文章和心靈雞湯是沒有半點實際效用的，唯一能幫助我的，就是給我一些力量來應對生活中的種種不如意。

父親依然需要工作，而我的薪資依然微薄得僅夠自己餬口，因此我沒有足夠的勇氣和能力來說服父親停止工作。況且依靠我自己的能力，買房娶妻不知道得等到何年何月。

三十歲，有對未來的迷惘、對生活的憂心、對父母的牽掛、對前途的困惑，還有實現夢想途中的種種坎坷。無論怎麼發洩，生活都是這麼直白地擺在我們面前，充滿誘惑，又充滿無奈。

我不是一個聰明的人，但是我有最單純的想法。我本以為透過自己的努力，能很快改變家庭環境，然而現實卻狠狠地賞了我一巴掌。

疼，但要忍著。因為生活不會過來安慰你，可能還會蓄力準備下一個巴掌。

無論是對待生活還是對待自己，我都是極為認真的，認真得有些過頭。我不想在某些人和事上浪費精力，而要用全部的心思來看自己腳下的路，來擺脫自己內心的迷惘。

高中的時候，對自己將要上的大學感到迷惘。

大學畢業了，對自己選擇哪個機構去工作感到迷惘。

工作了，對於未來的職場和婚姻生活感到迷惘。

……

父母已老，而我還沒有長大，也沒有足夠寬闊的肩膀接過父母肩上的擔子。

可能等到四十歲的時候我還會遇到新的問題，而新的問題又會讓我產生新的迷惘和困惑。

這種看不清的路，或許就是人生吧。

儘管生活這麼艱難，但我仍舊每天都努力地工作，努力地分享自己的文字，和讀者進行充分地交流。因為我發現，自己沒有辦法和迷惘斷絕來往。

人生，有時候看得太清楚、太長遠，活著也就沒有什麼意思了吧。**這種帶著驚喜和驚嚇的生活，可能才是真正的生活**。它足以讓我們體味酸甜苦辣，體驗人生百態，也不枉我們來世間走一遭。雖然生活中不時有濃霧遮眼，但是只要認真一點，再認真一點，踏實走好每一步，就能摸索到正確的路。

迷惘，可能將是我這一生的常態，而我也注定要和迷惘終生為伴。這一輩子，我可能都打不敗迷惘，唯一能做的就是和它握手言和，並真心接納它。

願你，也有勇氣和迷惘握手言和。

莫欺少年窮，十年後再見分曉

05

回到農村老家，見到了小時候的夥伴小鵬。他家和我家是對門，他家新蓋了二層樓房，整個牆面都是用瓷磚貼的，看得出來花了不少錢。

我家還沒有搬到縣城的時候，房子總是漏雨。小鵬家的房子雖然不漏雨，但也是破破爛爛的。他家裡有五個孩子，所以很擁擠。他父親好賭博，在村子裡的人緣很差，連他母親也拿他父親沒辦法。舉凡家裡能賣錢的東西，都會被他父親偷走賣錢來賭博，所以他家的經濟條件在村子裡基本上是墊底的。

小學還沒上完時，我家就搬到了縣城，後來也不怎麼回農村老家了，於是和小鵬斷了聯繫。再後來，聽說小鵬念完初中就沒有繼續升學，很早便去廣東打工了。

作為農村的孩子，一來，父母對教育的認知不夠；二來，雖然說是義務教育，但是我上學的那個年代還是要繳學費和書本費的，有些經濟拮据的家庭就會讓孩子輟學，省了這筆開銷；三來，整個村子也沒有幾個上高中的，考大學更是多年都不出現的新鮮事。在老家，不讀書的孩子基本上都會去廣東打工。那些年，這似乎是一種流行的趨勢。

前幾年我偶爾回老家，但和小鵬都無緣見面，因為他一直在外面打工，平時也不怎麼回家。只是聽說，他家的經濟情況好了許多。好不容易見到小鵬，和他聊了一些這些年發生的事情。他和我同年，已經結了婚並有了一個乖巧的女兒。

他說，剛到廣東的時候，他去一家電子工廠做計件工，一天要上十個小時的班，一個月也只休息一天，非常辛苦。剛當學徒的時候，他一個月只能拿到七、八百塊錢人民幣。儘管這樣，他一個月還是能存下一些錢來。他說這些錢都沒給家裡寄，因為寄回去父親就賭掉了。

剛開始他換了幾間工廠，後來就在一家工廠裡做了五、六年，當了領班，再後來當了一個車間的小主管，認識了一個在一起打工的老鄉，後來兩人結了婚，他的薪資也漲到了一千七八。直到去年，他和妻子從廣東回來，不打算再去了。

他用這些年攢的錢給家裡蓋了樓房，說正盤算著在縣城開個門面做點生意，以後也住到縣城，而樓房是給父母蓋的。

聽著小鵬講這些年來的經歷，看著他臉上對未來的憧憬以及身後氣派的二層小樓，誰也想不到他家十幾年前有多窮困。小鵬把這些年的辛苦說得很平淡，但我還是能體會到他在外面打工攢錢的日子並不怎麼好過。

我對他表示欽佩，小鵬則笑笑說：「這是我十幾歲就有的心願。」小鵬用了十年的時間，改變了整個家的狀況。三十年河東，三十年河西，說得不無道理。

有時候，要不了三十年，只需十年甚至四、五年，就足以改變一個人的樣子。而往往一個出類拔萃、肯努力的人，不但可以改變自己的命運，還可以改變一個家庭的命運。

十年前，誰也不會想到小鵬會這麼有出息，誰也不會想到小鵬家能蓋起二層樓房，而且還裝修得這麼好。而我的小夥伴小鵬，就是用十年時間做到了這一切。

十年時間，不算短，也不算長，但足夠我們去做一個夢，也足夠我們去實現一個夢。

我的小夥伴小鵬，用了十年時間，成了他家裡的頂樑柱，也成了整個村子的美談。關於他，我想用一句話總結：莫欺少年窮，十年後再見分曉。

06 只需一招，你就能有大把時間做自己喜歡做的事情

想做自己喜歡做的事情，卻發現沒有時間，這是大多數人都會遇到的問題，我也沒有倖免於難。

現在我做了一些改變，讓時間充足起來，已經能做一些自己喜歡做的事情了，比如讀書和寫字。去年下半年，我除了上班外，還讀了十幾本書，寫了將近二十萬字的小說和文章；同時，我還寫了三篇專業的學術論文，並且正在申請一項專利。

做了這麼多事情，都沒有影響到我正常的工作。實際上，對大多數人來說，時間根本就不是海綿裡的水，也不用使勁擠，而是盛在盆子中的水，一舀一大瓢。

你之所以會沒時間做自己喜歡做的事情，是因為你還沒

有找到盛滿時間的這個盆子。那麼，盛滿時間的這個盆子在什麼地方呢？看看下面兩個故事，答案就在其中。

先說一個我身邊朋友的故事，這個朋友是學土木工程的。上班後，他說打算考個土木工程師執照。前兩天給我打電話，說他快掛了。

我問他，怎麼了？

他說，前兩天和朋友喝酒喝到胃出血了，現在還在醫院打點滴，讓我安慰安慰他。

由於我們兩個人的關係很鐵，我只說了一句：「活該！」

他說：「我是來找安慰的，生病住院已經夠可憐了，你不同情，還說出這麼殘忍的話。」

我說：「你不是打算考土木工程師執照嗎？怎麼還有時間喝酒，而且還把自己喝到快掛了。」

他歎了一口氣說：「你也知道，我不能喝酒，可是也由不得我呀。大家都是朋友，一起聚聚，喝喝酒，我要是不喝的話，顯得多不合群啊！」

我說：「那你少喝點啊，就你那個酒量，我都能喝死你。」

他又歎了一口氣說：「我們這群朋友都很能喝，人家敬我酒，我要是不喝的話，多沒面子啊！」

我說：「那你說自己身體不好，不能喝酒，跟大家解釋一下不就行了？」

他有些無奈地對我說：「我解釋了，可是大家不聽呀，說是過年後第一次聚餐，我就這麼不給面子，太影響氣氛了。」

我朋友遇到的這件事情，我以前也遇到過，總感覺別人向我敬酒是瞧得起我，如果拒絕的話，會在朋友圈留下不好的名聲，以後還會影響自己的人脈和關係。

所以，一般有人向我敬酒，我會拒絕一下，如果對方繼續堅持，我也就不會過分拒絕了。等到聚會散了，自己一個人在宿舍難受得直打滾。

喝了別人的酒，你得回請吧，然後就陷入了莫比烏斯帶閉環。最後你會發現，下班的時間本來可以用來休息和做自己喜歡做的事情，卻變成了一群人做無聊的事，把時間全部浪費了。

再說一個讀者的故事，他今年上大二，大一的時候，大家下課後都還會去圖書館自習、看看書。可是現在，大家都不怎麼去圖書館了，沒課的時候就一起在宿舍打電動。

他本來還想去圖書館看書，可是覺得自己很孤單，並且有種背叛宿舍哥們兒的感覺，所以就留在宿舍和大家一起玩，可是，他又感覺這樣很浪費時間，所以他很迷惘。他請我給他提建議，如何才能不損害和宿舍哥們兒的關係，又能不浪費時間。

對於這件事情我感同身受，因為我曾經也經歷過類似的事情。上大學的時候，寢室的人要嘛就是圍在一起打撲克，要嘛就是一起看電影。我曾經也被告知，上大學後，念書不是主要的，而是學會和人交際並形成自己的交際圈才是最重要的。

所以，我就想方設法維護和宿舍哥們兒的關係，比如大家一起吃飯、一起去網咖打電動，然後一起在宿舍打撲克、看小電影，感覺這樣和宿舍哥們兒相處得很融洽。

到了大三，我才下定決心好好念書，於是就很少和宿舍的哥們兒一起玩遊戲了，雖然有時候有種被遺棄感和孤獨感，但是內心感覺很舒服，彷彿終於從一個圈子裡面跳了出來，也終於可以有時間去做有意義的事情了。

現在很多年過去了，我和宿舍哥們兒的關係還挺好，並不會因為我當初沒有和大家一起玩遊戲而有所改變。

兩個故事說完了，大家應該也已經看出，這個盛滿時間的盆子是什麼了吧。那就是**減少無效社交，把時間用來做自己喜歡做的事情**。

我們每個人都處在一個所謂人脈的圈子裡，並且需要和不同的人交往。有了這些圈子裡的朋友，大家一起吃飯、唱歌、喝酒，爬爬山，打打屁，再艱難的日子也會變得輕鬆愉快。如果一個人沒有自己的圈子，生活就會充滿孤單和灰暗。

然而身在圈子中的我們，除了感受到圈子的溫暖之外，往往還會感受到身在圈子中的無奈。很多時候，我們會被圈子引導著做一些自己不願意做的事情。這樣，圈子就成了一種負擔和束縛，浪費了我們大量的時間。

那麼，如何才能建立一個和諧的圈子，讓自己不為所累，不再強迫自己去做一些自己不願做的事情呢？

我想，首先要清楚一點，那就是一個健康的社交圈子中，每一個人都應該是積極向上的，不會因為你要念書沒有時間和大家交流而疏遠你。

如果一個圈子因為你選擇努力沒有時間和大家一起玩而疏遠你，那麼這樣的圈子就不值得你花時間去維護。因為圈子裡面的人並不希望看到你變好，只是希望你能陪著大家一起玩，因此不是真正的朋友。

那麼，如何才能和圈子裡的人融洽相處，同時又不讓自己被圈子綁架？我根據自己的體驗和認知，總結了需要在社交時遵循的幾點。精簡自己的社交圈子，選擇那些對自己有幫助、和自己有共同興趣的人保持聯繫；而那些對自己沒有幫助，和自己沒有太多共同語言的人，就可以剔除掉。

在社交圈子裡，要堅持自己的交友原則，面對一些對自己沒有益處又違背原則的事情，該拒絕的就要拒絕，千萬不要覺得不好意思。**他們都好意思強人所難，**

你還有什麼不好意思拒人千里呢？

你要努力提升自己，讓自己變得更優秀，這樣就不用費盡心思地考慮圈子裡人的感受，而是大家來考慮你的感受。如此，你才會有能力身處一個優秀的圈子，也才不會被圈子所累。

總結一下：只需減少無效社交，構建一個優秀的社交圈子，就會有大把時間去做自己喜歡做的事情了。

第七部

所有的驚豔，都來自有所準備

你一直拖延的其實都是你最想做的事

01

一位老朋友，數年不見，再見時啤酒烤肉，儘量營造出年輕時把酒言歡的氛圍。

他說，這些年有好多遺憾，上大學的時候，想好好談一場戀愛，感受一下校園愛情，結果整天窩在宿舍和哥們兒打電動，浪費了很多時間。直到大四也沒有說出一句情話，於是就這麼畢業了。工作之後，便開始了一次又一次的相親。

幾瓶啤酒下肚，老朋友微醺。

他說：「工作後，我想著考研究所在職專班，買很多書籍資料回來，但是最後書還是嶄新的，把時間都浪費在了各種聚會上。每當下定決心看書的時候，朋友電話一約，我就扔下書去和朋友推杯換盞。工作三年後，再也沒有勇氣提考研究所的事情了。」

說著，朋友的眼圈漸漸地紅了。他歎了一口氣道：「我是父親帶大的。工作後有了點積蓄，我就想帶著父親去旅行一次。其實這個打算有了很多年，從上大學的時候就開始琢磨。但是我上班三年，也沒有實現。去年，父親得了癌症，躺在醫院的病床上，再也走不動了，直到父親去世，我也沒能帶著他去旅行一次……」

說到這裡，朋友哽咽了。

「這些年，我不知道自己都做了些什麼，想愛的人沒有來得及去愛，想讀的書沒有去讀，想孝敬父親也沒有機會去孝敬。我的時間，不知道都花在了什麼地方。」

朋友和我年紀差不多，三十歲出頭。歲月匆匆，我們的時間到底去哪兒了？為什麼那麼多心願，最終都成了遺憾？也許有人會說，並不是我不想去做那些有意義的事情，而是因為我太忙了。

我得忙著工作，因為沒有工作，我就沒錢吃飯、沒錢租房子；我得忙著交際，因為我需要朋友，不然我就會因為孤獨而抑鬱。其實，真正有意義的忙碌，都是為了靠近夢想。

一部劇追完了，我們會忙著去追另一部劇；一個飯局吃完了，我們會趕著去吃另一個飯局；一個遊戲打通關了，我們會急著下載另一個遊戲。

你之所以會愈忙碌愈孤獨，是因為你忙碌的事情都是無用又無意義的。所以當聚會結束，朋友散去，剩下你一個人時，你就會充滿傷懷和焦慮。

你想考托福，你想健身，你想換個喜歡的工作，你想出一本自己的書，你想學心理學，但是最後都沒有做成，因為你的時間被毫無意義的事情耗盡了。最後，你卻給自己找了一個冠冕堂皇的理由：我工作太忙了，交際太多了。

那些真正對你有益的事情，到最後都被耽擱了。那些無用的逛街、遊戲、聚會你倒是會前仆後繼，一個也落不下。

你總是把真正有意義的事情無限拖延，把最應該成為生活主題的事情擱淺。就這樣，你的生活愈來愈平淡、平庸，直至最後索然無味。

那些本該成為你生命主題的事情，卻因為你的懦弱、等待、不敢嘗試，最後成了泡影。你以後也不敢想起，因為每當想起的時候，心頭就會隱隱作痛。人的一生中，一定有一些特別想做的事，我們可以稱之為夢想或者理想。

年紀愈大的人，愈不敢說出夢想和理想這兩個詞。因為夢想和理想對於他們而言，就只能是夢想和理想，也只能在心裡偶爾想起，卻沒有能力再去實現了。

隨著年齡的增長，他們逐漸發現心中的夢想幾乎都沒有實現過，於是不會再自欺欺人了，也對夢想閉口不談了。因為他們知道，夢想和理想對於他們而言，只能是鏡中花、水中月。

我和很多朋友談起過理想，有人說想學做甜點，因為如果能做出那些只有在甜品店才能吃到的精緻甜品，孩子就一定會很崇拜她這個媽媽。實際上，她只是網購了所有製作甜品的器材，而學習做甜品的時間都被刷手機占用了。畢竟比起做甜品，刷刷朋友圈、追追劇更加容易些，不用承擔製作甜品失敗的風險，也不用洗刷鍋碗瓢盆。

有人說週末想學插花和書法，讓自己的生活豐富起來，可每到週末，不是賴在床上不起，就是流覽購物網站度過一天。

你之所以一直拖延夢想和理想而不去實現，本質是因為你一直在逃避困難，你總是習慣選擇那些容易的事去做，讓平庸無趣的事情占滿了你的生活。

對自己期望的太多，實現的太少，久而久之就會發現，原來一直在欺騙自己，根本沒有過上自己想要的生活。這就是你懂得那麼多道理，卻依然過不好這一生的原因。

有些事情等不起，因為你不知道以後會發生什麼，還有沒有機會去做心裡面念念不忘的事。趁著人還在，激情還在，一切都還來得及，用熱情去做那些讓你感覺到幸福的事情。生命的意義，就藏在你念念不忘的事情之中。如果你有想做的、喜歡的事，一定要抓緊時間儘快去做，不然可能就真的來不及了。

忙，其實只是一個藉口，你玩手機、逛網路商店、大吃大喝的時候永遠有時間。而一提到那些能讓你變得與眾不同、熠熠生輝的事情，你的藉口就如同雪片一樣紛紛揚揚。

在你的意識中，那些無聊的、簡單的、能快速完成並帶來刺激的事情，會首先去做；而那些需要集中精力、花費思考和努力、複雜一點的事情，就會被拖延。

等到了生命的盡頭，你會發現這一生最重要的事情都被擱淺了，而那些不重要的事情卻占滿了整個生命，一生過得平庸又乏味。別讓生命中有太多的等待，因為生命不是無窮盡的。想做的事情就抓緊時間去做，沒有最好的時機，當下就是最好的時光。

所謂夢想，就是一直努力奔跑的方向。只是想想而不去努力的事情，只能稱之為幻想。

如果你正忙碌的事情，一直都是你想做的事情，而且是讓你變得更好的事情，那麼忙碌過後只有充實，絕不會有因為虛度時間而產生的空虛和寂寞。

別等了，去做你一直想做的事情。去讀一本你一直以來都想讀的書，給孩子講講故事，上幾堂親子班，陪爸媽逛逛菜市場，和情人牽著手看看夕陽。

別把不重要的事、不重要的人，請進生命。你要用自己全部的時間去愛值得你愛的人，去做能讓你變得更好的事。

所有的驚豔，都來自有所準備

02

同學小林打電話邀請我去他的新家。小林和我一樣都是農村的孩子，我很驚訝他怎麼這麼快就在城裡買了房子。

小林家裝修雖然不算奢華，但是可以看得出很用心，房子很漂亮。房子是貸款的，首付一百七十萬臺幣，加上裝修四十多萬臺幣，一共二百一十多萬臺幣。他沒有跟家裡要錢，也沒有借同事和同學的錢。他和妻子僅上班兩年就存了這麼多錢，真是佩服。

「你知道嗎？買了這間房子之後，我才真正感覺自己在這座城市扎根了，再沒有漂泊感了。」小林說。

「我當然明白，我們兩個都是從農村來的，要在城裡扎根很不容易，你們兩個這麼快就賺夠了頭期款，真的很厲害。」我說。

「這兩年，我和小燁（小林老婆）兩個人幾乎沒有出去玩過，小燁週末當家教賺錢，我也接了一些文案週末做，我們兩個人兼職的錢，算起來能頂上一個人的薪資了，所以這兩年我們相當於三個人在賺錢，終於湊夠了房錢，我們的寶寶也快出生了，現在不用擔心了。」小林滿臉幸福地說。

所有的努力都不會被辜負。小林和他老婆拼盡全力，用兩年的時間建好了一個溫暖的家，迎接小生命的降臨。

去成老師家裡學書法，已經成了我下班後的必修課。自從畢業，我很少這麼認真用心去做一件事情。同一個字落在不同人的手中，命運是不同的。我覺得自己寫得挺好的，跟旁邊成老師寫的一比，立刻就想跪拜。

成老師寫的字剛勁挺拔，起筆收筆乾淨俐落，每一筆都充滿了力道，就像一個鐵骨錚錚的漢子。而我寫的字，就像是一個挺著啤酒肚不修邊幅的摳腳大叔。

除了在成老師家裡每天練習兩個小時外，我白天也用水寫布（一種蘸水就能寫出黑字的書法練習用具）練習，但不知道為什麼自己這麼努力、這麼刻苦，結果和成老師的差距還是這麼大。

我決定再細心觀摩一遍，看看成老師寫字有什麼竅門。成老師提筆蘸墨、藏鋒起筆、中鋒運筆、結尾收筆，整個過程都沒有什麼奇特的。成老師都教過我了，我也是這樣操作的，可是最後寫出來的字大相逕庭。

成老師行雲流水地寫了一行字，每一個字都是那麼好看，驚豔得我只能在心裡連連讚歎：中國傳統書法簡直太美了。

成老師說：「你才學了這麼短的時間，能寫到這個程度已經不錯了。我練了二十年，你不能和我比，你要和自己比，看有沒有進步。」

只有經過二十年的刻苦練習，才能寫出一幅高水準的書法作品。**只有拚盡全力，才能看起來毫不費力。**

上中學的時候，我也曾學過怎麼做一個合格的學霸。那時候，天天刻苦努力讀書取得好成績的人一般不能稱作是學霸。所謂的學霸，就是看起來不怎麼努力，最後考試成績卻能力壓眾人的人。

初三時我喜歡上了化學，為了讓自己的化學成績每次都能保持在班級前三，我模仿過我的學霸同桌。我的同桌是他人眼中一個道道地地的學霸，但是自從我揭開她偽學霸的面紗之後，就感覺她沒有那麼厲害了。我的同桌，成績一直保持在全年級前三。平時在學校看起來並不是那種特別努力的人，但她實際上每天都念到凌晨。

為了學好化學，我特意買了兩本參考書，每天晚上都會額外做練習，還會把老師講的東西背一遍。以致最後，整本化學書隨便翻一頁，我基本都能背誦出裡面的內容。

這樣，我的化學成績自然是每次考試都能獨占鰲頭。但是我背後的努力和付出，只有自己和我同桌明白，因為是她教會了我怎麼在背後默默努力。

很多時候，我們都會把難以理解的成功歸功於天賦或者運氣。其實，哪有那麼多有天賦的人，也不會有那麼多運氣，不過是我們沒有看到別人的努力和用功罷了。我始終相信，成功的背後，不是汗水就是淚水。

隨著年齡的增長，我愈來愈相信努力的意義。要得到想要的東西，就必須有所付出，更多的時候需要的是持續的付出和努力。這個時候就需要堅持，堅持的意義就是要等成功來給我們流過的汗水買單。

你若盛開，蝴蝶自來。而要想盛開，得先努力地汲取水分、養料，然後拼命地向著太陽的方向生長。

沒有隨隨便便的成功，所有的驚豔都來自有所準備。

努力做個有機會失敗的人

03

我在一直寫文的平臺申請簽約作者，今天通知我申請被拒絕了。於是，我將這個消息發到了讀者群組裡。本來大家都熱鬧地討論著中午吃什麼好吃的，我這條消息引得大家都轉過來安慰我，讓我不要傷心、不要沮喪。我這時才意識到我這條消息將原本快樂的氣氛給破壞了，所以感覺有點小窘。

讀者的安慰，讓我覺得溫暖。

三十歲，經歷過太多的失敗。所以這一次的申請簽約失敗對我的影響並不大，只是讓我重新思考和反思了一下，我覺得自己還是應該更加努力，繼續寫有品質、有溫度的文字。

這件事要是放在前兩年，我可能不會像今天這麼心平氣和。我肯定會不停地抱怨：為什麼有幾個作者的關注度沒有我高，反而通過了簽約申請？也可能會覺得編輯不喜歡我，賭氣不在這個平臺上寫作了。還可能會心情沮喪，抱怨自己的付出沒有得到回報。

幾年之前，也就是二十歲出頭的時候，時常會有一個問題縈繞著我：為什麼失敗的總是我？每一次失敗的時候，我也都會問自己：難道老天是在懲罰我嗎？為什麼別人輕輕鬆鬆就能成功，而我這麼努力還會失敗？

從小學一年級開始，失敗就是我的常客。升二年級時，我考試成績全不及格，所以留級了。看著小朋友們都升到了二年級，而我還坐在一年級的教室裡，那個時候心情是傷心的。

後來上大學，考電腦檢定二級、英語檢定四六級，再到後來做實驗，論文投稿，小說申請簽約……等各種事情，我似乎都沒有順利過。

有時候，感覺自己就是一個悲劇，一路上都磕磕碰碰。不像別人，什麼事情都很順利，而且當這種挫敗感積累到一定程度後，我就開始懷疑人生，懷疑自己是不是命運多舛。但是隨著年齡的增長，經歷的事情愈來愈多，我已經明白和坦然了許多。

小學一年級讀了兩年，第二年我就成了班級幹部，考試成績挺好，還得了獎狀，為我之後的求學路增強了自信。

只要你還在努力，失敗就會以另外的形式饋贈你。

有些人聯考失利，就開始懷疑一切，否定自己，自暴自棄。有些人英語四六級沒過，就想著怎麼作弊辦假證照。還有些人一分手，就要尋死覓活。還有新聞報導的一些研究生，因為口試沒過就輕生自殺。要知道，能失敗是一件多麼幸福的事情；不去努力的人，連失敗的機會都沒有。

如果你初中畢業就去打工，肯定不會聯考失敗；如果你沒有上大學，或者根本就不參加四六級檢定，自然不會被英語四六級傷害；如果你從來不敢牽手一個人，也就不會有失戀一說。**之所以會失敗，是因為你還有追求**。

前兩天有個讀者發消息說，他考研究所失敗了，心情很不好，感覺對不起自己，也對不起父母。對他說不用傷心難過是不切實際的，因為努力付出一年的艱辛外人很難體會，所以失敗了肯定會很傷心。但是換個角度來看，如果當初不考研究所，而是選擇找份工作餬口，然後大四和大家一起玩耍，就不會有現在的挫敗感了。

失敗就像一個篩子，有些人失敗一次就放棄了，就被過濾掉了，而能從失敗中一次次爬起來，才有可能被留到最後，獲得成功的果實。這句話雖然聽起來很雞湯，但事實卻是如此。

我們對於成功都很渴望，但我們都是普通人，要想成功降臨到我們頭上，唯一的籌碼就是堅持不懈和誓死到底的精神。

有些人，可能用很短的時間就得到了我們想要的東西，而我們可能在追求愛情和事業的時候屢屢失敗。

請記住並相信一句話：你要的，時間都會給你。

只要我們肯努力，房子會有的，車子會有的，家庭也會有的，只不過稍晚一些。但是只要我們得到的東西能讓我們感到幸福，並能長久地擁有，房子不大，只要溫馨；車子不好，只要出入平安；夫妻和諧，孩子乖巧，這一切來得晚一點又有什麼影響呢？

每一個努力的人，都是不願意向生活妥協的人，也都是喜歡折騰的人。

有些人，在上大學的時候，可能就去考各種資格證書，也有些人去競選學生會主席，還有些人拼命學習想拿獎學金……然而，這些追求都存在失敗的可能性。

因為你想要的東西很多，想要實現的夢想也很多，那麼面臨失敗的機率就很大，也就會覺得失敗的總是你。如果一個人從來都不想得到什麼，沒有夢想，也不去努力，那麼他永遠也不會失敗。

人能失敗，是幸福的。

等到哪一天，你連失敗的機會都沒有了，那該多可悲啊！因為這不是獨孤求敗，而是生無可戀。生無可戀的人，和行屍走肉有什麼區別呢？

我們堅強努力地活著，看似是為了追求成功，其實也是為了追求失敗。既然能失敗，就說明這個東西對我們而言是不熟悉的、不瞭解的，所以生活才會充滿新鮮感。

相較於一輩子過得平平淡淡的人，我更想做一個有機會失敗的人。

除了努力，我們還有別的辦法嗎

04

我一直都在尋找一條能讓我過得好的路……後來我發現，除了努力，我別無選擇。

昨天，和小北通了一次電話。那年，我逃離了首都，小北則留了下來。小北每天早晨六點起床，要在捷運和公車上擠兩個多小時才能趕到公司。北京上班高峰期的捷運，讓我至今都無法忘懷。

我說：「你好努力！」

小北說：「我曾經也被自己感動過，覺得一個人在北京漂著，既孤獨又偉大。」

我說：「你不像我，逃離了首都，選一座小城，現世安穩，歲月靜好，壓力也小好多。」

小北說：「我媽給我打電話，讓我不要太拼了，實在不行就回老家。我咬牙挺著，曾經覺得自己真的好厲害，這麼能拼。可是後來才發現，身邊所有的人都是這個樣子，都在拼命地努力著。」

「為了生存，為了生活，為了能扎下根來，漸漸地我已不覺得自己很努力了，也不再會被自己的努力感動了。因為我知道，所有的人都在奔跑，甚至都在拼了命地奔跑，而**努力是生命的常態**。」

是啊，無論大城還是小城，都有一大批在黎明前就起身的人。莘莘學子，背著書包，在為美好的象牙塔拼搏；公司的員工，手拿牛奶和麵包，拼盡全力擠上公車；年過六旬的清潔隊員，握著掃帚，在清冷的晨曦中為生活辛勞著。小北說的沒錯，努力並不是為了超越誰，只是為了趕上大家的腳步。

我有一個朋友，經營自媒體。他白天上班，晚上寫作。他每天都會寫一篇文章，能看得出，他是花了時間和心血的。我曾經堅持過一段時間每天寫一篇文章，因此那種辛苦我感同身受。

當年上學的時候，一篇八百字的作文都會讓我們頭痛好幾天。而如今，每天都要寫一篇二千字的文章，且每篇都要寫出新意，不但要有新觀點和思想，還要接受眾多讀者的檢驗，其中辛苦可想而知。

我勸他，不要太辛苦，每週寫二、三篇就可以了。

他說：「那麼多已經成名的作者，每天都還在發表文章，而我才剛剛起步，是沒資格偷懶的。無論是為了生活還是夢想，我都得堅持下去。」

他還說：「我喜歡忙碌的時候，那樣我就沒有那麼多時間胡思亂想，可以倒頭就睡，第二天又滿血復活，迎接美好的一天。又閒又懶的時候，我會感到迷惘又痛苦。」

正如我的朋友一樣，每一個想實現夢想的人都要付出努力。你想要成名，你想要出書，你想要愈來愈好的生活……可是這些你想要的東西，總要拿別的東西來交換。

慢慢地，你會發現當我們努力的時候，全世界都在幫我們。青春，可不就是努力的時候才能感受得到嗎。幸福感，可不就是努力的時候才能體會得到嗎。

如果不努力，放縱的時間久了，我們就成了那個自己討厭的人。無論是為了眼下的苟且，還是未來的詩和遠方，努力都是我們活下去的手段，也是唯一的手段。它應該是流淌在血液裡的，刻在骨髓上的，時時刻刻要被銘記的。

你看看這個世界，哪一個人不是在拼命？哪一個人不是一邊哭，一邊奔跑，不敢停下來，也從未停下來。當我回頭看同伴時才發現，原來所有的人都在奮力奔跑。孩子的奶粉、父母的醫藥費、房貸車貸、人情往來……周圍都是奔跑的人，所以我們不會孤獨。那些流過的汗、受過的苦，終將會告訴你這些歲月沒有被辜負！

值得慶幸的是，我們出生在一個很好的時代。因為只要我們肯努力，就能得到與我們的努力相匹配的收穫。

我曾問自己：為什麼要這麼努力地工作，努力地讀書，努力地看文章，努力地寫作？為什麼我不能去唱唱歌，不能去聚餐，不能去看電影？

我為什麼要這麼刻薄地對待自己？我為什麼每天要熬夜到凌晨寫文章？我為什麼連等餐的時候都要滑手機、看電子書？這一個月，我在手機上看完了王小波的《理想國與哲人王》，還有王安憶的《長恨歌》。我讀的書太少，我的腦袋太空，我需要利用一切零碎時間來閱讀和積累。要想變得更好，要想遇到優秀的自己，我必須拚命地閱讀和寫作。

你不努力，沒有人會替你堅強。

你不努力，沒有人能讓你成長。

你不努力，沒有人會給你肩膀讓你依靠。

努力和吃飯、睡覺、呼吸一樣是日常，因此不該再被強調。

努力只是一種生存方式，應該退還所有的讚譽。

走自己的路，何必在意路人甲

05

二〇〇八年，我大三。有一個女生和我在一間自習室念書準備考研究所，之所以會對她印象深刻，主要是因為她的體重。

她是我們學校英語系的，就稱她為小雅吧。無論她走到哪裡，身後都會有人指指點點，原因無他，就是小雅很胖。實話實說，她確實很胖，體重有一百多公斤。

大家都在同一個教室念書準備研究所考試，慢慢地也就都熟悉了。由於我的英語奇差無比，所以會偶爾請教她一些文法問題，她講得很仔細。大三暑假，在自習室念書的女孩子穿著都很清爽，只有她一個人穿著超大款的T恤，汗水吧嗒吧嗒往下流。大學校園的女生，全褪去了高中時候的稚嫩，都學會了化妝，對於穿著也都很在意。根據我的目測，小雅不化妝，且所有的衣服都是暗色的。在自習室裡，她總是很認真地備考。

漸漸和她熟悉之後，她跟我說，她的肥胖是小時候生病吃激素導致的，只能慢慢地減肥。她已經在很努力地減肥了，只是效果太不明顯。她還說，有很多人當著她的面叫她「死胖子」，一些小孩更是在她背後給她起難聽的外號。有些同學還會給她取綽號，叫她「一堵牆」。

小雅說上大學以前，她特別痛苦，根本無法忍受別人對自己的攻擊，感覺周圍的人都充滿了惡意。上了大學之後，她漸漸地明白，和有些人是講不通道理的。所以，她對於一些刺耳的話語也就不那麼在意了。

小雅說，她現在的目標是考上研究所。她相信只要肯努力，一定會遇到一個不因為她胖而嘲笑她的圈子。

後來，小雅考上了理想大學的研究所，再後來又出國讀了博士，並且在國外遇到了真命天子。

看她的狀態，她說她在努力減肥，體重已經降下來了。看她的照片，已經完全沒有大學時候臃腫的樣子，瘦下來的小雅看起來漂亮了許多。她男朋友是在國外讀博士的師兄，長得很帥，兩個人看起來也很匹配。

小雅有著明確的目標，而且一直在走自己想走的那條路。所以，她遇見了愈來愈好的自己。

以前在網上寫網路小說的時候，我認識了一個朋友，網名叫小黑。小黑說他剛打算寫小說的時候，遭受了周遭同事的各種挖苦諷刺。小黑在一家工廠上班，身邊人的學歷都很低，基本上都是靠體力賺錢，而他自己也僅讀到初中就輟學了。

在小黑的同事看來，小黑和他們一樣，根本就不是一個讀書人，竟然還在網上寫小說，簡直太可笑了。在還沒有成名的那段時間，小黑遭受了很多質疑。

一次偶然的機會，小黑的父母也得知他在寫小說，於是勸他別折騰，好好上班，工作得之不易。

他說上班的時候，也能聽到各種冷嘲熱諷的聲音。他的主管直接對他說，你一個初中學歷的打工仔，好好上班才是正道，寫小說真不是你能幹的活。

在周遭的各種潑冷水和打擊下，小黑也沉寂了一段時間。可是過了兩個月，他又開始更新小說了。我問他原因，小黑說，他想再拚一把，不試試怎麼能知道自己是不是寫網路小說的料呢？在堅持寫了幾百萬字後，現在的小黑一個月能收入八至十二萬臺幣，因此他辭了工作，成了全職的寫手。

現在他每天就早晨寫二、三個小時，其餘時間不是在家陪父母、老婆和孩子，就是帶著家人去旅行。當初那些潑小黑冷水的同事，現在仍舊領著一個月一萬多的薪資生活著。

讀研究生時，在一次學院舉辦的學術交流會議上我認識了一個負責人。這個負責人是比我低兩屆的學弟，由於我們兩個做的研究有些相近，所以聊聊天就認識了。

學弟家是農村的，家裡有三個孩子：一個哥哥，一個姐姐，他是老么。當初他父母供他們三個人讀書的時候，家裡很窮。他父親當年讀了高中，沒考上大學，所以心裡就一直有個上大學的夙願，於是對他們兄妹三人要求特別嚴格。他父親為了讓他們能接受好的教育，待他們小學一畢業就在市區租了一間房子，讓他們上了明星中學。

農村家庭供三個孩子在省會上高中，這個開銷十分大。況且他父母都是農民，家裡經濟條件也不好，為了供他們三個上學，父親跟銀行貸了款。

對於他父母的做法，當時村裡很多人都不理解，說他父母這麼做是白砸錢，哪有人貸款讓孩子讀書的。可是他父親根本沒有把村裡人的閒言碎語放在心上，只管一門心思要把他們兄妹三人栽培好。

如今，他哥復旦大學碩士畢業後，在上海一家特優等級教學醫院當醫生；他姊在北師大碩士畢業後，留在北京一所高中當了老師。而且他哥剛上班的頭一年，就還清了家裡所有的債。

而那些曾經說學弟父母白砸錢的人，他們的孩子要嘛在打工，要嘛在重複父輩的職業——種田。

不要去理會那些對你人生指指點點的人，只要你一直堅定地走自己的路，總有一天他們不會再對你指指點點，因為他們已經看不到你前進的背影了。

我們都很痛恨別人對自己的人生說三道四，但是很難阻止別人對我們評頭論足。因此唯一能做的，就是一直進步，甩開那些聒噪的人。

有很多人對於我們的生命而言是無意義的，他們只是我們生命中的路人甲，而我們只管走自己的路，沒有必要在意和理會他們。

不想讓自己成為別人聊天時的下酒菜，那就努力讓自己成為他們吃不起的饕餮盛宴。

人生顧問 394

不是生活無趣，是你過得乏味：在不變的日常找變化，過你喜歡的日子。

作　　者—聶向榮
主　　編—陳家仁
編　　輯—黃凱怡
特約編輯—巫立文
企劃編輯—藍秋惠
封面設計—木木林
版面設計—黃于倫
內頁排版—林鳳鳳

總 編 輯—胡金倫
董 事 長—趙政岷
出 版 者—時報文化出版企業股份有限公司
108019 臺北市和平西路三段 240 號 4 樓
發行專線—（02）2306-6842
讀者服務專線— 0800-231-705、（02）2304-7103
讀者服務傳真—（02）2302-7844
郵撥— 19344724 時報文化出版公司
信箱— 10899 臺北華江橋郵政第 99 信箱
時報悅讀網— http://www.readingtimes.com.tw
法律顧問—理律法律事務所 陳長文律師、李念祖律師
印　　刷—勁達印刷有限公司
初版一刷— 2020 年 5 月 8 日
定　　價—新臺幣 330 元
（缺頁或破損的書，請寄回更換）

時報文化出版公司成立於一九七五年，
並於一九九九年股票上櫃公開發行，於二〇〇八年脫離中時集團非屬旺中，
以「尊重智慧與創意的文化事業」為信念。

ISBN 978-957-13-8175-6
Printed in Taiwan

不是生活無趣,是你過得乏味：在不變的日常找變化,過你喜歡的日子。/ 聶向榮著. -- 初版. -- 臺北市：時報文化, 2020.05
288面；14.8×21公分. -- (人生顧問；394)
ISBN 978-957-13-8175-6(平裝)

1.自我實現 2.生活指導

177.2　　109004576